Tränen im Morgenland

Sandra Ostheim

Sandra Ostheim

Tränen im Morgenland

Die wahre Geschichte meiner tragischen Liebe zwischen den Welten

Autobiografischer Roman

DeBehr

Herausgeber: Verlag DeBehr, Radeberg
Erstauflage: 2022
ISBN: 9783957539779

ELIZA:

Oh, wie dumm ich war,
oh wie demutsdämlich dumm.
Für Gott im Himmel hielt ich dich.
Oh, wie dumm ich war,
wie total bedudelt dumm.
Welch ein hammelhaftes Schaf war ich.

(Aus dem Musical „My Fair Lady", Intro „Ohne Dich",
Originale Liedtexte von Alan J. Lerner,
Deutsche Übersetzung Robert Gilbert)

Inhalt

Aufbruch 9

Bouhsina 41

Wieder zu Hause 58

Wiedersehen in Sousse 69

Negative Schwingungen 80

Böses Erwachen 102

Schmerzhafter Verlust 134

Wieder vereint 142

Frankfurt am Main 155

Hochzeit 162

Talfahrten 173

Kriminelle Energien 191

Besuch bei den Ouertanis 215

Gebrochenes Herz 223

Illegal 240

Aufbruch

Im Sommer 1999 gewann ich bei einem Preisrätsel eine Reise für zwei Personen nach Tunesien. Ich hatte noch nie zuvor etwas gewonnen und konnte mein Glück nicht fassen. Ich, die Gewinnerin eines Kreuzworträtsels einer touristischen Fachzeitschrift! Ich, die gerade die Ausbildung im Reisebüro ihrer Eltern in Erfurt begonnen hatte. Die Zweite wohlgemerkt, denn Hotelfachfrau war ich bereits. Die neue Entscheidung ergab sich, weil mir die Touristik so viel Spaß machte und ich mich schon als Reiseverkehrskauffrau sah. Schließlich war ich dreiundzwanzig Jahre alt und unternehmungslustig. Eine Woche Tuncsien, wie freute ich mich. Ich war sehr gespannt, denn in Tunesien war ich bis dahin noch nie. Ich durfte den Abreisetermin selbst festlegen und wählte Oktober. Da war es in Afrika nicht mehr so heiß, für einen Europäer wie mich das ideale Wetter zum Schwimmen gehen. Die drückende Hitze Nordafrikas brauchte ich nicht. Ich rief meine Freundin Nicole an und berichtete ihr von meinem Gewinn. Dann fragte ich sie, ob sie nicht Lust hätte, mich zu begleiten. Natürlich hatte sie Lust. Also reichten wir beide unseren Urlaub ein. Dreiundzwanzigster Oktober – der Orient war zum Greifen nah.

Die Vorfreude auf unseren Trip ließ uns aufgeregt wie am ersten Schultag das Flugzeug besteigen. In der Tunis Air stellte ich zufrieden fest, dass wir recht angenehme Sitzplätze hatten. Nicole wollte den Fensterplatz mit gutem Ausblick, ich setzte mich gerne auf den Mittelsitz.

„Ist das nicht toll?", stieß ich Nicole an, die glücklich lächelte und nickte. Die Maschine rollte aufs Flugfeld, die Besatzung stellte sich vor und schon hoben wir mit lautem Dröhnen ab.

„Wir werden eine Menge Spaß haben", sagte ich voraus. Was uns wohl erwarten würde? Wir kicherten wie Teenager, als wir zum Zeitvertreib die anderen Fluggäste beobachteten. Vor uns eine Familie mit einem ziemlich frechen Gör. Neben uns ein dickbäuchiger Mann mit einer ebenso fülligen Ehefrau. Wir zwei hingegen hielten immer irgendeine Diät, weil wir Bella Figura machen wollten, und fragten uns, wie man nur so viel futtern kann. Wir wollten am Strand einfach gut aussehen. Überhaupt legten wir enorm viel Wert auf unser Äußeres. Unsere Beautycases bargen Unmengen an Kosmetika. Und die knappen Strandbikinis hatten wir uns extra für den Urlaub neu angeschafft. Es war eine Tortur zu entscheiden, welche Kleidungsstücke wir mitnehmen wollten und was jeweils am vorteilhaftesten war. Am Ende grenzte es an ein Wunder, dass die großen Koffer die Gewichtsvorgaben beim Check-in gerade so schafften.

Der Flug war nur kurz.

„Sandra, was machen wir zuerst, wenn wir ankommen sind?“, fragte mich Nicole.

„Auspacken und uns das Hotel genauer anschauen. Vielleicht können wir sogar heute noch an den Strand.“ Das jedenfalls hoffte ich. Denn mein Gutschein versprach uns ein nettes Viersternehotel mit Pool und in Strandnähe.

„Ich bin vielleicht gespannt“, antwortete Nicole und nippte an ihrem Getränk. Auch sie war noch nie in Tunesien gewesen. Sie stammte aus einem kleinen Vorort und wir kannten uns aus der Berufsschule. Seitdem waren wir wie Pech und Schwefel. Und während mir Nicole jetzt von ihrer letzten Wochenendparty erzählte, betrachtete ich fasziniert, wie chic sie sich zurechtgemacht hatte. Die glatten, schwarzen, halblangen Haare, die das hübsche Gesicht rahmten, das perfekt geschminkt war. Und das sexy schwarze Oberteil erst. Ihre Beine steckten in hautengen Jeans. Ich dagegen hatte für den Flug eine schwarze Stoffhose und ein blassrosa Oberteil gewählt, das meine Figur locker umspielte und mit einem Band am Rücken befestigt war. Meine Haare trug ich zu einem Pferdeschwanz gebunden, das betonte die Kreolen. Auch mein rosa Lippenstift passte perfekt zum Outfit und ich fühlte mich pudelwohl. Wir plauderten und machten Pläne, sodass wir verdutzt dreinschauten, als das Flugzeug zum Sinkflug ansetzte. In Kürze würden wir afrikanischen Boden betreten. Ich beugte mich zum Fenster und versuchte vergeblich, etwas zu erkennen.

„Siehst du schon was?“, fragte ich.

„Ja, das Meer“, jauchzte Nicole. „Und viele weiße Häuser.“ Ich lehnte mich entspannt zurück. Gleich waren wir da! Schon fuhr das Fahrwerk des Flugzeuges aus, dann die Landung. Ich griff nach Nicoles Hand. Trotz der großen Reiselust hatte ich immer etwas Ehrfurcht vor den Starts und Landungen. Es ging alles gut. Die Maschine rollte gemütlich zur Parkposition. Erst dann hieß es abschnallen und aufstehen. Ich reckte und streckte mich.

„Komm, beeil dich“, sagte ich zu Nicole. Wir nahmen unser Handgepäck und hinter dem dicken Mann und seiner fülligen Ehefrau stehend, konnte ich es gar nicht erwarten, endlich aus der Maschine zu kommen.

Die Sonne blendete derart, dass ich meine Sonnenbrille aufsetzen musste. Dann zog ich die frische Luft ein. Man konnte sogar das Meer schon riechen. Interessiert sah ich mich um. Ich hatte ja noch wenig Reiseerfahrung.

Mein weitestes Ziel war zwar mal Kenia gewesen, aber mehr kannte ich von Afrika nicht. Gleich nach der Wende begann ich meine erste Ausbildung in der Oberpfalz. Dort lebte ich eine Zeit lang mit meinem damaligen Freund Matthias zusammen. Wir übten uns früh im eheähnlichen Verhältnis und da waren nur wenige Reisen solcher Art vorgesehen. Auch gab ich mich damals schnell mit Einfachem zufrieden und dachte kaum darüber nach, was ich vielleicht verpassen könnte. All das ging mir in den wenigen Minuten durch den Kopf, die wir mit dem Shuttlebus zum Flughafenterminal fuhren. Dort füllten wir die gängigen Einreiseformulare aus. Und schwitzten. Zu Hause war es ziemlich frisch gewesen, hier aber schwül und warm. Ich sah einigen Putzfrauen zu, wie sie geschäftig hin- und herliefen, in der Luft lag der Duft von Reinigungsmitteln. Endlich waren wir an der Reihe! Der Flughafenbeamte nahm unsere Pässe entgegen.

„Is this your first time here?“, fragte er und bedachte Nicole mit wohlwollenden Blicken.

„Yes, first time!“, antwortete sie. Er gab die Pässe zurück und winkte uns durch. Es dauerte nicht lange, da befanden wir uns im Transferbus nach Sousse, der drittgrößten Stadt Tunesiens.

Ich lehnte mich entspannt im Sitz zurück und genoss den Ausblick! Die Fahrt dauerte nicht lange. Wie anders hier doch alles aussah. Entlang der Hauptstraße lagen viele Hotels, Cafés, Restaurants und Geschäfte, viele davon zum Bersten gefüllt. Frauen, zum größten Teil verschleiert, gingen eilig ihren Besorgungen nach. Männer saßen in Straßencafés, gestikulierten und tranken ihren arabischen Mocca.

Im Bus lernten wir den Reiseleiter Achmed kennen, der uns übers Mikrofon Interessantes über sein Land berichtete. Ich sah mich um. Der Bus war bis auf den letzten Sitzplatz besetzt. Die Klimaanlage machte komische Geräusche. Wir waren die Einzigen, die als Freundinnen, also ohne Familienanhang, nach Tunesien gekommen waren. Die meisten unserer Mitreisenden waren Paare mit Kindern. Na, für solche Familienplanung hatten wir noch Zeit. Wir genossen das Singledasein und wollten unser Leben erst einmal auskosten.

„Hotel Marabout", rief der Fahrer gerade und riss mich aus meinen Betrachtungen.

„Los, raus hier“, rief ich Nicole fröhlich zu und nahm eilig mein Gepäck. Ein paar Minuten später traten wir in die große Hotelhalle und sahen uns um. Ich entdeckte zur Rechten weiche, große Ledersessel. Die Hotelhalle selbst war in einem zarten Mintgrün gehalten. Alles in allem machte das Hotel einen guten Eindruck. Ruck zuck waren die Formalitäten erledigt und wir folgten dem Hotelpagen zur Treppe.

„Wir haben die Suite, das ist ja großartig“, freute ich mich.

Der Page lächelte. „In ihrem Doppelzimmer gab es einen Wasserschaden und nur die Suite ‚Bardo‘ war noch frei“, erklärte er uns mit starkem französischem Akzent. Wir legten keinen Protest ein.

Nachdem er uns die Schlüssel übergeben hatte, liefen wir erst einmal aufgeregt durch die Räume. Das konnte nur ein gutes Omen sein. Ein grandioser Ausblick auf das Meer, zwei Balkone und ein großes Bad. Was wollten wir mehr? Ausgelassen tanzten wir durch die zwei Zimmer. Nun rasch auspacken und hinaus ins

Geschehen! Diese eine Ferienwoche galt es auszukosten.

Nach dem Umziehen ging es zunächst an die Hotelbar. Wir bestellten Kaffee. Schon schien man auf uns aufmerksam geworden zu sein. Ein Anzugträger, der ziemlich intensiv nach seinem Aftershave duftete, musterte uns unverhohlen. Als er unsere Blicke bemerkte, trat er heran.

„Guten Tag, ich bin Sharif, ihr seid zum ersten Mal hier?“ Wir nickten. „Meinem Vater gehört das Hotel“, erklärte er mit einem unverkennbaren Anflug von Stolz. Nicole fragte vielleicht etwas zu voreilig, wie denn hier das Nachtleben so sei.

„Seid einfach um zweiundzwanzig Uhr am Hoteleingang, ich lade euch herzlich ein“, versprach Sharif. „Ihr werdet schon sehen, ich bringe euch in eine der besten Discotheken der Stadt.“ Ich lächelte Nicole an. Wenn das nicht ein Angebot war.

Wir beiden Tanzwütigen konnten den Abend kaum erwarten. Wir besichtigten noch unser

Hotel und entdeckten ein Fitnesscenter und das Restaurant.

„Erst essen wir uns voll und dann gehen wir zum Sport“, witzelte ich. Nicole blies die Wangen auf und ging breitbeinig wie ein schwer Übergewichtiger. Wir waren aufgedreht ohne Ende.

Die Außenanlage des Hotels war das Nächste, das uns schwer beeindruckte. Hinter dem großen von Palmen und blühendem Hibiskus umsäumten Swimmingpool ging unser Blick über gepflegte Rasenflächen mit Liegestühlen hinaus aufs azurblaue Meer. Postkartenidylle. Wir genossen die frische Brise, beschlossen aber, doch nicht mehr an den Strand zu gehen, zumal es schon später Nachmittag geworden war und der Wind leicht auffrischte.

Den frühen Abend verbrachten wir in der Raucherlobby des Marabout und genossen einen Cocktail. Vor dem Abendessen machten wir uns frisch und waren gespannt, was es wohl zu essen geben würde. Beide hatten wir Hunger.

„Ich mache mich über den Salat her“, sagte Nicole.

„Und ich werde Gemüse und Hühnchen essen“, antwortete ich.

Wir hatten beide nicht vor, mit vollgemampften Bäuchen ins Nachtleben zu starten. Also auf zum Speisesaal! Obwohl wir recht früh dran waren, standen bereits erstaunlich viele Hotelgäste vor der Restauranttür. Also stellten wir uns hinten an und warteten. Alsbald gingen die Türen auf und die freundlichen Servicekräfte winkten ihre Gäste herein. Wir suchten uns einen Fensterplatz.

„Guten Tag, ich bin Memet und heute ihr Kellner.“ Ein junger Mann im weißen Hemd kam an unseren Tisch und lächelte. „Das erste Mal in Tunesien?“, fragte er uns in bestem Deutsch.

„Ja“, antworteten wir beide gleichzeitig und lachten. „Woher wissen Sie, dass wir aus Deutschland kommen?“ Er klärte uns auf, dass zu dieser Jahreszeit im Marabout überwiegend Deutsche wohnen würden, wünschte einen guten Appetit und brachte die kalten Getränke. Am Buffet gab es alles, was das Herz begehrte. Wir bevorzugten den Salat, der aus Maiskörnern, klein geschnittenen Gurken und Paprika bestand. Scharf gewürzt und mit wenig Kalorien war es genau das Richtige für uns. Anschließend probierten wir die kleinen tunesischen Hackröllchen und Brik – die Teigtaschen mit Ei. Alles schmeckte vorzüglich. Und schon hatten wir wieder mehr gegessen, als wir uns vorgenommen hatten. Aber egal. Der Abend würde lang werden und eine gute Grundlage konnte nur richtig sein.

So gerüstet standen wir alsbald fertig angezogen, geschminkt und abfahrbereit vor dem Hotel. Kurz vor zweiundzwanzig Uhr fuhr Sharif mit einem BMW vor. Er begrüßte uns galant, hielt uns die Türen auf und wir fühlten uns wie zwei Damen mit eigenem Chauffeur. Wenig später hielt er an einem Haus vor einer kleinen, unscheinbaren Tür. Darüber stand in Leuchtbuchstaben „Discothek Bonaparte." Das enttäuscht mich nun doch. Das sollte eines der angesagtesten Tanzlokale der Stadt sein? Sharif parkte und ging vor uns in Richtung Eingangstür. Er kannte beide Türsteher, also ließen sie uns passieren. Nun ging es eine Treppe hinab. Sofort verflog meine anfängliche Skepsis. Denn ich sah, wie gemütlich und voll es hier war. Ein ausgebauter Keller, umfunktioniert zu einer Disco, mit vielen kleinen Nischen. Sharif bedeutete uns, zu warten. Zielsicher steuerte er auf einen der hinteren Tische zu. Dann winkte er uns heran. Und bestellte Champagner. Verstohlen stießen Nicole und ich uns an. Wir waren in Hochstimmung. Wie nett doch die Männer hier waren. Die wussten wenigstens noch, wie man eine Frau beeindruckt.

„Da, schau mal auf die Tanzfläche", stieß mich Nicole an. „Was für heiße Typen." Ich nickte, war begeistert.

„Möchtest du tanzen?", fragte Sharif Nicole. Und ob sie wollte. Ich beobachtete beide, wie sie in Richtung Tanzfläche gingen. Drüben auf der anderen Seite schaute ein Mann lächelnd zu mir herüber. War ich ihm besonders aufgefallen? Mit meinen kastanienbraunen Haaren gefiel ich mir selbst heute besser als sonst. Tatsächlich – er kam. Ich fühlte mich so gut, als müsste ich abheben.

„Hallo, schöne Frau, das erste Mal in Tunesien?“, fragte er. Ich nickte lächelnd. Er hatte tiefdunkle Augen und nahm ohne zu fragen direkt neben mir Platz. Ohne Vorwarnung zog er mich zu sich heran und versuchte, mich zu küssen. War das zu fassen? Meine gute Laune war augenblicklich dahin! Das ging zu weit. Er hatte sich noch nicht mal vorgestellt, wir hatten noch kein weiteres Wort gewechselt. Frechheit. Wütend stieß ich ihn weg, stand auf und ging, um Nicole zu suchen. Die war inzwischen von Sharif verlassen dem Rausch des Feierns erlegen. Sie strahlte, sie flirtete, sie kokettierte und sprach tatsächlich mit drei Männern gleichzeitig. Ich musste lächeln. Da zog mich jemand ziemlich heftig am Ärmel. Ich wirbelte herum und blickte in das aufgebrachte Gesicht von Sharif. Seine Freundlichkeit war wie weggeblasen.

„Sieh nur, was deine Freundin da macht“, er hob verächtlich eine Augenbraue. „Findest du das in Ordnung? Sie ist doch mit mir hier!“ Ich schluckte und hob entschuldigend die Schultern. Über sein Aufgebrachtsein war ich wirklich erstaunt, ich verstand es nicht. Wir empfanden es zwar als nette Geste, dass er uns hierher mitgenommen hatte, weil wir Neuankömmlinge waren. Mehr aber auch nicht. Nicole hatte lediglich mit ihm getanzt und war freundlich gewesen. Sharif aber schnaubte. Er bahnte sich einen Weg zur ahnungslosen Nicole. Schockiert beobachtete ich, wie er sie regelrecht anrempelte und dann lautstark mit ihr diskutierte. Ich löste mich aus meiner Erstarrung. Mühsam kämpfte ich mich durch die Feiernden in ihre Richtung.

„Lass uns hier verschwinden!“, rief ich ihr ins Ohr, ergriff ihre Hand und manövrierte uns durch die Leute. Draußen atmeten wir erleichtert auf.

„Was war das denn bitte?“ Ich sah Nicole fragend an.

„Keine Ahnung, der tickt doch nicht richtig“, war ihr Kommentar.

„Lass uns schnell ein Taxi nehmen, bevor der uns noch hinterherkommt“, entschied ich und marschierte los. Wenigstens das gelang gut. Wir fuhren zurück zum Hotel. Dort wurden wir auf die riesige, bunte Leuchtreklame auf der anderen Straßenseite aufmerksam. „Disco Samara“, stand dort. Eigentlich hatte der Abend doch so schön begonnen. Wir hatten beide noch keine Lust, aufs Hotelzimmer zu gehen.

Die Disco war ganz nach unserem Geschmack. An den Wänden Spiegelglas und farbenfrohe Muster, die Tanzfläche riesig. Es gab Plüschsofas und Kuschelecken, aber auch Sitzgelegenheiten nahe der Tanzfläche an einer langen Theke. Dort suchten wir uns einen Platz. Gleich zog es uns beide auf die Tanzfläche. Der Boden bebte, die Stimmung war erstklassig und wir ließen uns bereitwillig in den Trubel hineinfallen, bewegten uns im Rhythmus der Musik und hatten endlich Spaß. Oh, da lachte mich ein bärtiges Gesicht an. Rechts tanzte jemand gefährlich nahe an meinen Körper. Nicole wurde durch die Tanzenden immer weiter von mir weggeschoben und auf einmal war ich allein, umringt von Männern. Kleinen, dicken, dünnen – und alle redeten gleichzeitig auf mich ein. Bis plötzlich einige anfingen, sich gegenseitig zu beschimpfen. Dann wurden sie handgreiflich. Hui, hätte ich nicht schnell genug reagiert und meinen Kopf zur Seite genommen, hätte ich eine Faust ins Gesicht bekommen, wenn auch versehentlich. Die Lage eskalierte furchtbar schnell. Ich wollte nur noch weg, schlang die Arme schützend um meinen Oberkörper und kämpfte mich vorwärts. Nicole war nicht zu sehen. Ich wurde von sich prügelnden Kerlen angerempelt, hin und her gestoßen. Mein Gott, was für ein Albtraum! Jemand fasste mir an den Hintern. Ich reagierte nicht darauf, nur weg hier. Glücklicherweise entdeckte Nicole mich in diesem Moment und fluchtartig verließen wir das Samara.

Uns wurde klar, dass hier Männer wie die Furien aufeinander losgingen, weil sie meinten, ein Vorrecht auf eine Frau zu besitzen, die dazu gar nicht erst gefragt wurde. Was war das denn für ein Land?

Genervt und frustriert gingen wir auf unser Hotelzimmer. Wie sollte man Spaß haben, wenn man auf solch abstoßende Art und Weise angemacht und belästigt wurde? Wir ließen den Abend auf dem Balkon unserer Suite ausklingen, nahmen einen Piccolo aus der Minibar und rauchten.

„Das war ja dann wohl nichts mit langer Disconacht“, sagte ich enttäuscht.

„Ja, dann trinken wir halt hier noch einen“, war Nicoles Antwort. Jetzt musste der aus dem Duty-free-Shop mitgebrachte Rum herhalten, den wir mit Cola mixten.

Am nächsten Morgen gingen wir bei strahlendem Sonnenschein zum Strand mit seinem türkisblauen Wasser. Der Wind spielte mit meinem Haar. Wir breiteten die Badetücher aus und machten es uns bequem.

„Weißt du“, sinnierte ich, „es muss ja nicht immer so sein wie gestern Abend. Ob nun Zufall oder die falsche Lokalität, jedenfalls suchen wir uns etwas Besseres. Wo habe ich denn meine Zigaretten?“ Ich wühlte in der neuen Strandtasche.

„Hallo!“ Ein Schatten fiel über uns. „Das erste Mal in Tunesien? In welchem Hotel wohnt ihr?“

Ich schaute hoch und sah zwei wenig attraktive Männer. Nicole versuchte erfolglos, die beiden abzuwimmeln. Sie wollten aber offenbar nicht verstehen, dass wir in Ruhe gelassen werden wollten. Oder es war ihnen schlicht egal, weil wir ‚nur‘ Frauen waren. Ich stand irgendwann auf und packte demonstrativ zusammen. „Komm, lass uns gehen“, zischte ich Nicole zu und stapfte los. Zum ersten Mal regte sich in mir so etwas wie Abneigung gegenüber Tunesien. Meine Freundin raffte ihre Habseligkeiten ebenfalls zusammen und rannte mir eilig hinterher. Auf dem Weg zurück ins Hotel, tippte auf einmal jemand Nicole auf die Schulter.

„Excuse me?“ Was für eine Baritonstimme. Vor uns stand im wahrsten Sinne des Wortes ein Adonis. „Wie heißt du denn?“, fragte er die langsam errötende Nicole, die gleichermaßen überrascht wie fasziniert zu ihm aufsah. Zeit für mich, ihn mir genauer anzusehen. Er hatte ein auffallend hübsches Gesicht, schwarze

Locken, ein umwerfendes Lächeln und jede Menge Charme. Wassertropfen glitzerten auf seinem muskulösen Körper.

„Ich bin Mohamed. Ich habe dich am Strand gesehen“, fuhr er fort. Nicole sagte ihm etwas, das ich aber nicht verstand, weil gerade ein Auto auf der Strandpromenade an mir vorbeifuhr. Ich trat nervös von einem Bein aufs andere. Scheinbar hatte sie aber schon angebissen. „Können wir uns heute Abend vielleicht treffen?“, hörte ich Mohamed fragen.

Ich verdrehte die Augen und wollte mich gerade schon abwenden und zum Hotel marschieren, als ich Nicole freudestrahlend erwidern hörte: „Aber sicher doch, gerne.“

Na, dachte ich, da kann sie aber alleine gehen, ich bleibe im Hotel. Aber daraus wurde nichts. Nicole bekniete mich, sie zu begleiten. Zunächst wollte ich nichts davon wissen, aber nach den Erlebnissen in der Disco und am Strand bestand sie darauf, dass ich sozusagen als Anstandsdame mitgehen musste. Also gab ich nach. Sie war aufgeregt wie ein junges Küken und der Abend konnte gar nicht schnell genug kommen. Mohamed nahm uns mit in die Grotte, eine Disco, die ihren Namen zurecht trug. Die Dekoration erinnerte an Halloween und war irgendwie gruselig. Es ging durch verwinkelte und trotz der Feuerschalen dunkle Räume, die schließlich in einen großen Saal mit gemütlicher, etwas kleiner Tanzfläche mündeten. Mohamed nahm Nicole an die Hand und zog sie in eine der hinteren Sitzgelegenheiten. Ich war plötzlich auf mich allein gestellt. Doch es ging scheinbar schon wieder los und ehe der Mann, den ich aus Augenwinkeln auf mich zukommen sah, in meine Nähe kommen konnte, war ich in Richtung Tanzfläche verschwunden. Hoffentlich kommt der mir nicht hinterher, dachte ich. Unauffällig sah ich mich um. Es waren nur wenige Leute auf der Tanzfläche, das war überschaubar. Plötzlich sah ich in zwei magische, dunkle Augen. Unsere Blicke trafen sich nur kurz, doch es durchzuckte mich wie ein Stromstoß. Ich hatte immer geglaubt, das sei eine übertriebene Redensart aus irgendwelchen Schmonzetten und Kitschromanen. Aber nun erfuhr ich dieses Gefühl am eigenen Leib. Der Mann tanzte allein und völlig in sich versunken, mit einem verträumten Ausdruck in den Augen. Noch nie hatte ich ein hübscheres Mannsbild gesehen. Er war groß, muskulös und strahlte echte Zufriedenheit aus. Mein Kopf war wie leer gefegt. Ich konnte nicht denken, reagierte unbewusst, wollte nur noch, dass er mich sah! Ich konnte es nicht benennen, aber ich fühlte eine Vertrautheit zu diesem mir völlig fremden Menschen, die mich seine Nähe suchen ließ. Zugleich ärgerte ich mich, weil mir das Blut in die Wangen stieg. Sein Blick ruhte für Sekunden auf mir. Doch ohne zu lächeln. Es war fast so, als schaute er durch mich hindurch. Wie konnte das sein? Gestern noch stritten sich die Männer um mich. Und heute konnte ich die Aufmerksamkeit dieses einen, den ich in diesem Moment wirklich wollte, nicht erregen?

Dann trafen sich unsere Augen zum zweiten Mal. Und diesmal hielt er kurz inne – und kam auf mich zu.

„Do you wanna dance?“, fragte er. Der Stromstoß kam ein zweites Mal. Ich strahlte ihn an und folgte ihm in die Mitte der Tanzfläche.

Doch schon nach dem nächsten Titel I Will Always Love You von Whitney Houston suchten wir uns eine Sitzgelegenheit. Auf dem Weg dorthin nahm er meine Hand. Er umschloss sie warm und zärtlich. Ich war wie hypnotisiert, ließ ihn gewähren. Alles kam mir so selbstverständlich, so vertraut vor, dass es mich selbst verblüffte. Mein Herz schlug heftig. Nun beruhige dich endlich, mahnte ich mich, was soll er denn von dir denken. Endlich hatten wir ein Plätzchen gefunden, wo die Musik nicht so laut war und man sich verständigen konnte. Ich betrachtete sein wunderschönes Gesicht. Seine geheimnisvollen Augen, dunkel, voller Lebensenergie. Meine anfängliche Befangenheit wich immer mehr und machte einem wahren Glücksgefühl Platz. Ich war rettungslos verliebt.

„Mein Name ist Najim“, begann er auf Englisch. „Woher kommst du? Aus Deutschland?“

„Ja. Ich bin Sandra“, sagte ich.

„Mein Vater hat ein Geschäft hier in Sousse, da kommen täglich viele europäische Gäste hin. Er spricht deine Sprache auch ein wenig.

Ich leider nicht“, meinte er etwas verlegen. Sein Englisch war zwar schlecht, ich verstand ihn trotzdem. „Ich bin zwanzig“, sagte er, stand unvermittelt auf und führte mich hinter sich herziehend weiter in den hinteren Bereich der Disco in eine der dunkleren Ecken. Für Sekundenbruchteile dachte ich an Nicole, ob es ihr wohl gut ging? Dann aber waren da nur noch Najim und ich. Ich fühlte mich auf einmal inmitten dieser fremden, mir unbekannten Welt gemeinsam mit ihm wohl und glücklich. Wie selbstverständlich nahm er mich in seinen Arm, während wir uns setzten. Er sah mir tief in die Augen. Ich ahnte, dass wir uns gleich küssen würden. Seltsam. Diesmal ging es mir nicht zu schnell. Ich schwebte! Schwebte in dem langen, tiefen und zärtlichen Kuss. Was für ein Mann! Wir sprachen nun nicht mehr, nahmen einfach nur Zärtlichkeit voneinander entgegen und genossen es. Er legte den Kopf auf meinen Schoß. Und sah mich lange und innig an. Meine Hände erkundeten seine Haut und sein wunderschönes lockiges Haar. Es war schwarz wie die Nacht. Mit geschlossenen Augen genoss er jede meiner Berührungen. Wir waren in Raum und Zeit verloren. Nur schemenhaft nahm ich meine Umgebung wahr. Die Menschen tanzten immer noch. Die Musik wurde langsamer. In meinen Ohren und im Herzen hörte und fühlte ich all die arabischen, zu meiner Stimmung passenden Liebeslieder. Das hätte ewig so weitergehen können. Doch plötzlich stoppte die Musik. Das gesamte Lokal wurde hell erleuchtet. Irritiert blinzelte ich. Was sollte das? Und wie aus dem Nichts stand mit einem Mal meine Freundin neben mir. Sie lächelte glücklich. An ihrer Hand Mohamed.

„Was ist los?“, fragte ich.

„Ich weiß nicht, hier scheint um vier Uhr morgens Schluss zu sein“, mutmaßte Nicole. Ich sah Najim an.

Er zuckte mit den Schultern. „Das ist hier normal. Komm, lass uns gehen!“

Ich zog Nicole zu mir. „Wie findest du ihn, er heißt Najim“, erklärte ich verträumt. Sie zwinkerte mir zu. Draußen empfing uns nun eine milde Nacht voller Sterne. Ich schaute zum Himmel. Und sog die frische Luft ein. Najim zog mich an sich. Arm in Arm liefen wir weiter, vor uns Nicole mit Mohamed. Je näher wir unserem Hotel kamen, desto unsicherer wurde ich. Ich wollte Najim unbedingt wiedersehen.

„Wir sind da“, sagte ich, verlegen nach unten schauend. Mein Selbstbewusstsein war gerade wohl im Urlaub, ich hatte einfach eine irre Angst, dass er mich nicht wiedersehen wollte. Ich wartete. Mein Herz schlug so heftig, dass ich glaubte, die anderen müssten es hören. Da hob Najim zärtlich mein Kinn und fragte: „Sehen wir uns morgen?“

„Ja, gern“. Ich strahlte. Wir verabschiedeten uns nochmals mit einem langen, innigen Kuss.

Ich konnte kaum schlafen in dieser Nacht. Vor meinem geistigen Auge sah ich sein attraktives Gesicht. Noch nie hatte ich so schnell und so viel für jemanden empfunden. Er war auffallend schön, verdammt schön. Seine Augen verfolgten mich weiter bis zum Morgengrauen.

Etwas später an diesem Tag wachte ich auf, in mir eine unerklärliche Angst. Er würde bestimmt nicht kommen! Sicher lachte er über mich, die naive Deutsche, die ihn so anhimmelte. Ich konnte den Tag nicht genießen. Meine Nervosität stieg, je näher der Abend rückte. Gegen zwanzig Uhr, die Zeit unserer Verabredung, stand ich aufgeregt am Hoteleingang. Wie peinlich, wenn er mich versetzte. Aber da war er!

„Hallo, wie geht es dir, hattest du einen schönen Tag?“, begrüßte er mich mit seinem strahlenden Lächeln, das meine Knie schon wieder weich werden ließ. Er führte mich zu einem nahe gelegenen Parkplatz. Dort deutete er auf ein altes Mofa.

„Ist das deins?“, fragte ich erstaunt.

„Ja, steig auf“, antwortete er. Wir fuhren durch die Straßen von Sousse, als gehörten sie uns. Ich fühlte seinen muskulösen Oberkörper, während ich mich an ihm festhielt. Es fühlte sich großartig an. Dann hielten wir irgendwo in Sousse an einer Disco.

Am Eingang wurde ich zurückgehalten. Najim sagte kein Wort. Er ging einfach hinein.

„Zehn Dinar bitte“, sagte der Türsteher. Ich sah ihn mit einer Mischung aus Überraschung und Ärger an, zahlte aber den Betrag, obwohl das für meinen Lehrlingslohn viel zu teuer war. Drinnen war es dunkel und laut. Najim hatte an der Tür auf mich gewartet. Wir suchten einen ungestörten Platz und kuschelten uns aneinander. Wir wollten einfach reden, küssen und beieinander sein. Nicht ein einziges Mal gingen wir tanzen.

„Najim“, fragte ich, „hast du so etwas schon einmal erlebt, ich meine, na ja, mit einer Touristin?“ Ich schluckte.

Er sah mich an und lächelte. „Ja, sicher, aber nicht oft.“

„Wie oft?“, bohrte ich weiter. Eigentlich wollte ich es gar nicht wissen. Oder doch? Ich wich seinem Blick aus.

„Nun, da war mal eine Engländerin, eine Französin und eine Deutsche gab es auch schon.“ Er zog mich fest an sich. „Aber keine hat mich je so fasziniert, wie du.“

„Wirklich?“, fragte ich schüchtern.

Er verschloss meinen Mund mit Küssen. „Al-Hamdu li-Llah – Gott sei Dank –, dass ich dich gefunden habe“, flüsterte er in mein Ohr.

Himmel, das wollte ich hören. Ach, mochte er auch ein paar Touristinnen gehabt haben, hier und jetzt zählte jeder Augenblick. Ich genoss das Zusammensein mit Najim, ich war selig.

Später traten wir in die Nacht hinaus. „Lass uns einen Spaziergang machen", lächelte er mich an. Irgendwie bestand ich nur noch aus Gefühl. Er hätte jetzt alles tun und sagen können, ich hätte alles mitgemacht.

Er führte mich zum Strand. Durch verwinkelte, feuchte Gassen, vorbei an übel riechenden Mülltonnen und leer stehenden Häusern. Er schien genau zu wissen, wo er hin wollte. Schon spürte ich den ersten Sand in meinen Sandalen. Der Mond schien traumhaft, konnte das Funkeln Tausender Sterne nicht überstrahlen. Trotzdem war mir nicht ganz wohl. Ich ahnte, was jetzt kommen würde. Eigentlich war ich dazu noch nicht bereit. Sekundenlang überlegte ich, ob ich mit Najim darüber sprechen sollte. Doch ich ließ es bleiben, wollte auf keinen Fall, dass er mich für verkrampft hielt. Die Luft war klar und frisch und ich hielt mich an seinem Arm fest. Man erkannte trotz des Mondlichts nicht viel. Das dort, war das ein Strandkiosk? So einer, wo man tagsüber den Touristen Getränke aller Art anbot? Najim zog es eiligst in diese kleine Holzbude.

Er sah sich fortwährend um, ob uns niemand folgte. Najim bewegte nur kurz einen kleinen Hebel und schon war das Häuschen offen. Erstaunlich. Er sprach kein Wort, führte mich einfach hinein. Hier war es fast völlig dunkel. Sanft drückte er mich zu Boden. Dann ging alles ganz schnell. Ohne liebevolle Berührungen oder Zärtlichkeit drang er in mich ein und kam schnell und heftig. Ich war enttäuscht. Es war fast lieblos und viel zu rasch vorbei. Wenige Minuten später verließen wir die ungemütliche Stätte. Ich versuchte, den Sand aus meiner Kleidung zu klopfen. Und hatte das dringende Bedürfnis, ins Hotel zurückzukehren, denn es wurde langsam hell.

„Jetzt trinken wir noch einen Kaffee“, hörte ich Najim sagen. Danach stand mir absolut nicht der Sinn. „Ich kann mich jetzt nicht einfach von dir trennen“, sagte er zärtlich. Sofort wurde ich wieder weich und empfindsam. Er hatte ja recht, ich wollte mich auch nicht von ihm trennen. Obwohl ich meine Entscheidung augenblicklich verfluchte, als wir eine halbe Stunde darauf in einem von Männern überfüllten Café landeten und ich komplett die Orientierung verloren hatte, nicht wusste, wo genau in Sousse ich mich befand. Wo kamen so früh am Morgen nur all diese Männer her? Und warum war ich hier die einzige Frau? Ich ordnete meine Haare, ein Spiegel war nicht in Sicht. Ich musste doch furchtbar aussehen. Ob man mir ansah, was ich gerade getan hatte? Ich blickte an mir herunter und kontrollierte verstohlen meine Kleidung, suchte nach verräterischen und verfänglichen Spuren. Najim brachte mir Kaffee und ein Croissant. Hungrig aß ich. Verstohlen schaute ich immer wieder zu den anderen Tischen.

„Hast du eigentlich einen Freund in Deutschland?", holte mich Najim abrupt aus meinen Betrachtungen.

Ich rang nach Luft. „Wie bitte? Also wirklich. Denkst du, wenn ich einen Freund hätte, würde ich mit dir ...?" Er nickte zufrieden und streichelte meine Hand. Sofort war wieder diese Vertrautheit zwischen uns, die mich alles vergessen ließ.

Als wir ausgetrunken hatten, verließen wir das Lokal, er pfiff ein Taxi heran, gab dem Fahrer etwas Geld und bedeutete mir, mich hinten in das Auto zu setzen. Wie, er kam nicht mit? Er hauchte mir einen Kuss auf die Wange, schloss die Wagentür und das Taxi fuhr los. Ich war enttäuscht. Es war ein viel zu unromantisches Ende für diese Nacht.

Bouhsina

Von diesem Abend an trafen Najim und ich uns täglich. Es waren wunderbare Tage, denn unsere Beziehung wurde schnell immer intensiver. Er zeigte mir seine Stadt, ich lernte einen Teil seiner Freunde kennen, abends lagen wir in den Dünen und der Wind streichelte meine nackte Haut. Ich war völlig hingerissen, denn Najim war ein Mann, wie ich ihn mir immer erträumt hatte. Er war eins neunzig groß, was sehr gut zu meinen eins fünfundsiebzig passte. Es war ein unglaubliches Gefühl, meinen Kopf in den Nacken legen zu können, wenn er mich küsste. Er hatte seidenweiches schwarzes Haar, das er mit Gel zu kleinen Locken formte. Er war so attraktiv, dass mir bei seinem Anblick oft der Atem stockte. Ich verlor mich in seinen Augen mit den langen Wimpern. Seine seidige Haut hatte einen dunklen Teint und seine gesamte Erscheinung war die eines Mannes, dem man als Frau gerne auf offener Straße hinterher sah. Er hatte Talent, seine Gefühle in Worte zu fassen, sodass ich mich schön und begehrenswert fühlte. Es hatte mich sowas von erwischt.

Najim liebte mein Haar und meine Hände, die er immer wieder küsste. Er beschütze und umschwärmte mich und hatte eine romantische Ader, die er in vielerlei Hinsicht an mir auslebte. Wir fuhren mit seinem Mofa durch alle Stadtteile von Sousse bis hin nach Port El Kantaoui, gingen am Hafen spazieren und besuchten die Medina, die abends ein unglaubliches Flair versprühte. Ich lief mit ihm durch enge Gassen, wo einheimische Waren angeboten wurden und sich Menschenmassen drängten. Er achtete unaufhörlich darauf, dass mir niemand zu nahe kam oder mich ansprach. Wir aßen in einheimischen Restaurants, tranken zusammen arabischen Mocca und er las mir jeden Wunsch von den Augen ab. Wir sahen aufs Meer hinaus und lauschten den Wellen, beobachteten die Schiffe und träumten gemeinsam. Meine Zuneigung wuchs unglaublich schnell. Mittlerweile sehnte ich jeden Morgen, jeden Moment herbei, den ich mit ihm verbringen durfte.

Nicole hatte sich in Mohamed verliebt und es erging ihr ähnlich. Mohamed hatte – im Gegensatz zu Najim – tagsüber wenig Zeit. Er traf Nicole stets erst am Abend. Natürlich unternahm ich auch noch etwas mit meiner Freundin. Meist gingen wir nach dem Frühstück schwimmen, wenn Najim zu Hause noch schlief. Trotzdem war ich immer voller Unruhe, wenn die Zeit der Verabredung näher rückte. Nicole und ich sprachen viel über „unsere Männer", waren von ihnen hingerissen und verliebt bis über beide Ohren. Obwohl ich wusste, dass mir nicht mehr viel Zeit blieb, denn der Urlaub war fast zu Ende, gelang es mir nach dem Zusammensein mit Najim immer schlechter, mich wieder in die Realität einzufinden. Ich konnte und wollte nicht darüber nachdenken, wie es mit Najim und mir weitergehen würde. Alles schien so weit weg, mein Zuhause, die Arbeit, meine Eltern.

„Ich habe meiner Mutter heute von dir erzählt", hörte ich Najim am Abend sagen, während wir noch am Strand lagen. „Sie fragte mich, ob du mich liebst. Ich antwortete ihr, dass ich es nicht weiß." Er rollte sich auf die

Seite und kam mir dabei sehr nah, stützte seinen Kopf auf den Ellenbogen und schaute mir in die Augen. „Liebst du mich?“ Er wartete auf meine Antwort.

„Ja“, hauchte ich leise.

„Dann komm mit mir nach Hause und lerne meine Eltern kennen.“

„Oh ja“, sagte ich, denn dieser Gedanke machte mich glücklich. Wenn er mich nach Hause mitnehmen wollte, musste ich etwas Besonderes für ihn sein. Doch dann erschrak ich – denn dies war der unausweichlich letzte Tag unserer Ferien. Nicole und ich mussten ins Hotel Koffer packen. Ich hatte einen Kloß im Hals.

„Wie wird es weitergehen?“, fragte Nicole leise. „Ob sie uns schreiben werden?“

„Das hoffe ich doch“, antwortete ich mit gespielter Zuversicht. Deutschland – Tunesien, hatten wir überhaupt eine reelle Chance? Ich klappte meinen Koffer zu. Morgen um diese Zeit würde ich zu Hause sein ... ich wollte gar nicht darüber nachdenken. Immerhin hatte ich noch eine Nacht mit Najim.

„Um wie viel Uhr geht unser Flieger?“, fragte ich und kramte nach den Tickets.

„Neun Uhr dreißig morgen früh“, antwortete Nicole, „und spätestens um sechs sollten wir uns hier im Hotel treffen.“ Ich nickte.

Najim holte mich ab und wir fuhren auf seinem Mofa zu ihm nach Hause. Ich war aufgeregt, hatte keine Ahnung, was mich erwartete. Die Fahrt dauerte um einiges länger als sonst. Ich schlang wieder meine Arme fest um seinen Körper, denn morgen war es endgültig vorbei. Schließlich bogen wir rechts in eine Seitenstraße ein und stoppten kurz darauf vor einem kleinen Haus, einem Flachbau mit weißem Anstrich, ebenerdig und nicht weit von der Hauptstraße.

„Wir sind hier in Bouhsina“, klärte mich Najim auf. Er zwinkerte mir zu. „Ein gefürchteter Stadtteil – der gefährlichste. Hier wohnen fast nur Kriminelle. Jeder in Sousse weiß das. Wenn hier Fußballspiele zwischen Bouhsina und anderen Städten stattfinden, ist die Hölle los.“ Ich sah mich um, alles war ruhig. Ich konnte mir gar nicht vorstellen, was er sagte.

Auf der anderen Straßenseite sah ich eine Videothek, davor saß ein alter Mann auf einem Stuhl und rauchte gemütlich eine Zigarette. Schräg gegenüber eine Boulangerie, wo man Backwaren kaufen konnte. Alles in allem ein fast normales Bild, bis auf die Schuttberge und Müll hier und da – aber gut, wir waren eben in Afrika! Unterdessen pfiff Najim zweimal laut und keine Minute später kamen einige junge Männer aus den umliegenden Häusern. Ich war das Ereignis des Abends! Eine Touristin in Bouhsina! Ich sah, wie mich alle neugierig von oben bis unten betrachteten und mit Najim sprachen. Ab und zu drang das Wort Allemand – Deutsche – an mein Ohr. Schüchtern sah ich zu Boden, das alles war mir sehr peinlich. Ich wusste nicht, ob ich mir wünschen sollte, dass Najim endlich mit mir ins Haus ging, um dieser Situation zu entkommen, oder ob wir lieber vor der Tür bleiben sollten, da ich ja auch nicht wusste, was mich im Haus erwartete. Nach etlichen Minuten winkte mich Najim ins Haus. Die erste Person, die mir lächelnd entgegenkam, war Najims Mutter. Vertrauensvoll sah sie mich an. Sie war klein und hatte unendlich gütige Augen. Sie war immer noch hübsch, als junge Frau musste sie eine Schönheit gewesen sein. Sie war genauso, wie ich mir Najims Mutter vorgestellt hatte, voller Wärme und Güte.

„Ich bin Sarama", sagte sie. „Willkommen in unserem Heim." Sie nahm mich an die Hand und führte mich weiter ins Haus hinein. „Das ist meine Tochter Neyla", stellte sie mir eine junge Frau vor, die gerade in der Küche Speisen zubereitete. Neyla winkte mir freundlich. „Bonjour, bienvenue" – Willkommen.

„Merci beaucoup", sagte ich etwas verlegen. Wie hübsch sie war. Sie sah ihrem Bruder sehr ähnlich, ihr Haar war pechschwarz und lang, ihre Figur mädchenhaft filigran und dennoch fraulich. Hinter mir hörte ich Najim eintreten. Er sprach einige arabische Wörter zu seiner Familie und führte mich dann direkt ins Wohnzimmer. Neyla brachte uns Tee. Ich empfand Ehrfurcht und zugleich Glück, in diesem Haus bei seiner Familie zu sein. Es war schön zu sehen, wo und wie Najim zu Hause war. Seine Aura war überall. Während ich versuchte, mich nicht am heißen Tee zu verbrühen, sprach Najim mit seiner Schwester, die eilig davonlief, um gleich darauf mit einem Zettel zurückzukommen. Es war Najims Anschrift, ordentlich und sauber geschrieben. Wir befanden uns also in der Rue Fakir in 4000 Sousse, Tunesien. Najim lächelte mich an. Sorgsam steckte ich das wertvolle Papier ein und bedankte mich. Er wollte mit mir in Kontakt bleiben, er fühlte ebenso wie ich, ein Glücksgefühl durchströmte meinen Körper.

„Wir werden uns schreiben“, flüsterte Najim in mein Ohr. „Und dann musst du bald wiederkommen.“ Ich schluckte. Meine Vorstellungskraft reichte nicht aus, um mir das vorzustellen. Ich sah in seine schönen braunen Augen. Wiederkommen? Ja, sicher, das konnte ich tun. Aber es würde immer wieder ein Abschied folgen. Mein Leben war in Deutschland und ich stand mitten in der Ausbildung, wohnte bei meinen Eltern und hatte wenig Geld. Wie sollte das gehen? Aber ich sprach mit ihm nicht über meine Gedanken, ich wollte unseren letzten Abend nicht mit traurigen Gedanken zerstören. Plötzlich horchte Najim auf.

„Ich glaube, mein Vater kommt nach Hause.“ Ich sah zur Tür, meine Nervosität wuchs augenblicklich. Nun würde ich gleich das Familienoberhaupt kennenlernen. Ich wusste zwar so gut wie nichts über die arabische Mentalität, aber selbst mir war klar, dass sein Vater die mächtigste Person im Haushalt war.

Ich verfluchte die Wahl meiner Kleidung, denn ich hatte ein weit ausgeschnittenes Oberteil an, um für Najim besonders attraktiv zu sein. Ich zupfte unbeholfen an meiner Kleidung herum. Die Tür öffnete sich und ein etwa eins siebzig großer Mann betrat den Raum. Er hatte ein weißes Hemd und schwarze Hosen an. Ich sah gleich, dass er mit dem Tourismusgeschäft zu tun hatte. Lächelnd kam er auf mich zu.

„Willkommen bei uns, ich bin Bessem Ouertani", stellte er sich vor und nahm im Schneidersitz auf einem der Kanapees Platz. Er zog seine Zigaretten der einheimischen Marke MARS aus der Tasche und bot mir eine an. Zögernd nahm ich die Zigarette, etwas erstaunt darüber, dass ich hier rauchen durfte.

„Wie ist Ihr Name und aus welcher Stadt in Deutschland kommen Sie?", fragte er mich. Er wurde also schon über mich aufgeklärt, er wusste, dass ich Deutsche war. Sarama hatte bei Ankunft ihres Mannes eiligst ihre Gespräche mit Neyla beendet und war in die Küche geflüchtet. Ich hörte sie mit Töpfen und Tellern hantieren. Während mir Vater Bessem erklärte, in welchem Geschäft er arbeitete und mit welchen Leuten aus Europa er täglich zu tun hatte, brachte Sarama das Essen.

„Couscous“, erklärte sie mir, als ich auf das nordafrikanische Gericht schaute, das aus Weizen, Hirse und Gerstenmehl sowie Hammelfleisch, verschiedenen Gemüsesorten und Kichererbsen bestand.

„Möchtest du auch etwas?“, fragte sie mich.

„Oh nein, danke“, vor lauter Aufregung würde ich nichts hinunter bekommen. Vater Bessem aß, während er nicht müde wurde, mich auszufragen und mir seine Lebensansichten zu erklären. Er war ein Mann, der sein ganzes Leben lang hart gearbeitet hatte, dem es wichtig war, dass seine Kinder etwas erreichten und seine Familie glücklich war. Die tiefen Furchen auf seiner Haut und sein wettergegerbtes

Gesicht ließen darauf schließen, dass er es im Leben nicht leicht gehabt hatte. Er war vom Wunsch beseelt, seiner Familie einen angemessenen Lebensstandard bieten zu können. Ich war beeindruckt von diesem Mann, der – wie er mir selbst erzählte – in einem Dorf bei einer Berberfamilie aufwuchs und es aus eigenem Antrieb geschafft hatte, aus diesen sehr einfachen Verhältnissen zu fliehen und mit seiner Frau und dem damals einjährigen Najim an die Küste zu ziehen, um eine bessere Chance zu haben. Denn nur hier gab es die Möglichkeit, mit den Touristen Geld zu verdienen. Najim hatte unterdessen das Wohnzimmer verlassen und stand mit seinen Freunden vor der Haustür und rauchte. Ich konnte ihn durch das Fenster beobachten. Ab und zu sah er hinein und lächelte mich an. Ich hatte das Gefühl, so etwas wie Stolz in seinem Blick zu erkennen, vielleicht weil ich hier ganz alleine saß und mich mit seinem Vater unterhielt. So sehr mich sein alter Herr auch beeindruckte, war ich dennoch froh, als Najim mich eine halbe Stunde später sozusagen erlöste und bat, mich zu verabschieden. Ich gab Bessem die Hand, drückte innig seine Frau und küsste Neyla auf die Wange.

Schon stand ich draußen in der Nacht, umgeben von Najim und seinen Jungs. „Was machen wir jetzt?“, fragte ich in die Runde, bekam jedoch keine Antwort. Mein Schatz nahm mich an die Hand und führte mich direkt ins Zentrum von Bouhsina hinein. Vor uns liefen seine Freunde, mit Bierkästen und Tüten unbekannten Inhaltes. Einer hatte eine kleine Stereoanlage dabei.

„Es ist eine Überraschung für Dich“, hörte ich Najim sagen. „Du wirst schon sehen, es soll doch ein schöner letzter Abend werden.“ Er küsste mich kurz. Mein Herz schmerzte.

Durch den aufregenden Besuch bei seiner Familie hatte ich nicht viel über die bevorstehende Trennung nachgedacht, jetzt kam sie mir wieder mit voller Wucht zu Bewusstsein.

Wir verließen die Straße und bogen in einen Seitenweg ein. Dort stoppten wir vor einem zweistöckigen Gebäude. Unter dem Dach befanden sich zwei hohe Balkone vor ovalen Fenstern im orientalischen Stil. Einer der

Jungs stieß einen lauten Pfiff aus und gleich wurde auf einem der Balkone eine Gestalt im Dunkeln sichtbar und winkte kurz. Die Truppe setzte sich in Bewegung und gemeinsam gingen wir in das Haus. Uns wurde im zweiten Obergeschoss die Tür geöffnet. Ein etwa vierzigjähriger Mann, der hier anscheinend alleine lebte, erwartete uns erfreut. Schließlich fand ich mich in einem kleinen Raum wieder. Durch die schwache Beleuchtung konnte ich auf den ersten Blick meine Neugierde nicht befriedigen. Das Zimmer führte zu einem der großen Balkone, von dem aus man auf die Hauptstraße sehen konnte. Die Jungs arbeiteten schnell. Es wurden Tische aus den Nebenräumen geholt, Sessel und Stühle herangetragen. Einer beschäftigte sich mit der Stereoanlage, bis schließlich arabische Popmusik zu hören war. Wir setzen uns. Ich bekam ein Bier und die Party begann. Ich versuchte, möglichst gelassen zu wirken, auch als eifrig mehrere Joints gedreht wurden. Ich sah zu Najim, der direkt neben mir saß. Die Vorfreude auf den baldigen Genuss von Hasch war ihm anzusehen. Schließlich wurde der Glimmstängel herumgereicht.

„Hast du schon mal geraucht?“, fragte mich einer der Jungs.

„Na sicher“, antwortete ich und nahm einen Zug. Ich bemühte mich, ein etwas flaues Gefühl im Magen zu verdrängen, weil ich hier irgendwo in Bouhsina saß, abhängig von acht jungen Männern und deren Wohlwollen. Aber ich hatte nichts zu befürchten. Ich bekam Getränke und wurde immer wieder gefragt, ob mir auch nichts fehle. Es war toll! Ich war ganz offiziell Najims Freundin und genoss den Schutz des bestaussehenden, großartigsten und schönsten Mannes weit und breit. Nicht nur die Gastfreundschaft von Najims Freunden beeindruckte mich, sondern auch die Art und Weise, wie er selbst hofiert wurde. Nie nahm er sich selbst ein Getränk, es wurde ihm gebracht. Als er gegen Mitternacht Hunger bekam, winkte er einen seiner Kumpels heran und gab ihm etwas Kleingeld. Keine fünf Minuten später hatte er eine Mahlzeit vor sich, vom Kiosk unten an der Straße. Alle schienen ihn als Oberhaupt der Gruppe anzusehen und das machte mich stolz.

Irgendwann gegen vier Uhr morgens hatte dann auch der Letzte genug und wir legten uns schlafen. Die einzige Couch im Raum war für uns bestimmt. Die anderen lagen verstreut auf dem Erdboden herum. Najim nahm mich in den Arm.

„Hat es dir gefallen?“

„Aber ja, es war toll“, antwortete ich.

„Ich will nicht, dass du gehst“, murmelte er und schlief bereits langsam ein. Ich spürte seinen Atem auf meinem Gesicht. Der Mond schien durch das offene Balkonfenster und tauchte alles in ein unwirkliches Licht. Ich wusste, ich würde kein Auge zutun, wollte keine Minute verpassen, mir sein Gesicht für immer und ewig einprägen, seinen Körper an meinem spüren. Tief sog ich den Geruch seiner Haut ein. Er trug ein ganz besonderes Parfüm, ich durfte es niemals vergessen! Ich wünschte mir von Herzen, dass die Nacht nicht enden möge, aber viel zu schnell graute der Morgen.

Sanft weckte ich ihn. „Schatz, ich muss gehen.“

Er hielt mich fest. „Nein, geh nicht.“ Ich versuchte, aufzustehen. Wir küssten uns, hielten uns fest und sprachen minutenlang kein Wort.

„Najim, bitte, ich muss dringend ins Hotel“, sagte ich ohne sonderlich viel Überzeugungskraft. „Wie spät ist es überhaupt?“

„Es ist sechs Uhr“, antwortete Najim. Ich sprang hoch. Einige der Jungs wurden durch den Lärm geweckt, andere schliefen einfach weiter. Wir stiegen über die schlafenden Körper hinweg in Richtung Ausgang. Dann standen wir endlich auf der Straße. Ich schämte mich. Mein Make-up war ruiniert, meine Haare zerzaust. Ich sah wohl furchtbar aus. Najim besorgte ein Taxi. Mir klopfte das Herz bis zum Hals. Ein letztes Mal sah ich ihn an.

Er schaute nach oben und sagte: „Gutes Wetter zum Fliegen.“ Ich schluckte, wollte, dass er mir ein letztes Mal seine Liebe gestand, dass er mir versprach zu schreiben und mich niemals zu vergessen. Nichts von alledem geschah! Er hielt mir die Taxitür auf, gab mir einen letzten Kuss. Die Tür fiel ins Schloss, das Auto fuhr an und ich sah ihm nach, wie er um die Ecke verschwand. Ich fühlte mich nicht gut.

Die nächsten Stunden waren die pure Hetze. Nicole erwartete mich schon ziemlich aufgeregt und wir erreichten nur knapp den Flieger!

Wieder zu Hause

Neun, acht, sieben – der Himmel war in ein Farbenmeer getaucht. Ein erster Böller zerriss die Luft! Dann war es so weit. „Happy New Year“ schallte es aus allen Himmelsrichtungen am Brandenburger Tor. Millennium! Ich stand inmitten von Tausenden Feiernden, um den großen Countdown zu erleben, der uns in ein neues Jahrtausend bringen sollte! Meine Gedanken schweiften ab. Najim hatte nicht geschrieben! Seit Wochen enttäuschte Hoffnung, Tag für Tag der vergebliche Gang zum Briefkasten. Nach meiner Rückkehr aus Tunesien hatte ich meiner Mutter von Najim erzählt. Sie wertete es als Urlaubsflirt, als etwas, was schnell wieder verblassen würde. Sollte sie recht behalten? Ich verstand nicht, warum er nicht schrieb. Hatte ich mich so in ihm getäuscht? Haben wir vielleicht doch nicht das Gleiche füreinander empfunden? War ich tatsächlich nur eine Ferienliebelei?

Ich umarmte meine Freunde. Jessica, dann Frank und Simone – alle waren sie mit mir nach Berlin gekommen, denn ich brauchte dringend Zerstreuung. Seit meinem Urlaub in Tunesien hatte ich mich verändert. Voller Euphorie und Liebe im Herzen war ich zurückgekehrt. Was blieb, war eine nicht zu füllende Leere. Ich hatte gleich in den ersten Tagen einen Brief an Najim geschrieben, dann noch einen und noch einen. Alle blieben unbeantwortet. Irgendwann gab ich es auf, denn es waren mittlerweile acht Wochen vergangen.

Im April 2000 flog ich als Begleitung einer Reisegruppe eine Woche nach Ägypten. Ich erlebte diese Zeit voller Wehmut, da mich so vieles an Tunesien erinnerte. Ich schrieb Najim eine Ansichtskarte, obwohl ich sicher war, nicht auf Antwort hoffen zu dürfen.

Oft besuchte ich Nicole. Auch Mohamed hatte nicht von sich hören lassen. In der Berufsschule hatten wir beide ständig nur das eine Thema. Warum schrieben sie uns nicht?

„Meinst du, wir waren wirklich nur ein Ferienflirt?“, fragte ich Nicole mehr als einmal. Wir waren scheinbar die Einzigen, die so etwas wie echte Liebe empfunden hatten, waren nur eine

Urlaubsbekanntschaft gewesen, von Männern, die uns anscheinend schnell wieder vergaßen. Nicole war ebenso traurig.

„Ich weiß es nicht“, sagte sie. „Was wollen wir machen? Wir müssen sie einfach vergessen.“ Aber ich konnte Najim nicht vergessen. Ich hatte so etwas wie mit ihm noch nie erlebt. Noch immer konnte ich seine warme Haut auf meiner spüren. Tunesien hatte auf mich einen bleibenden Eindruck hinterlassen. Ich wollte alles darüber wissen. Ich kaufte mir Bücher über Land und Leute, suchte Literatur über verlorene Liebe zwischen zwei verschiedenen Kulturen und fragte mich immer wieder nach dem Warum.

So vergingen die Monate. Im Sommer hatte Nicole einen neuen Freund gefunden und so hatte ich nicht einmal mehr sie als Gesprächspartnerin für das immer gleiche Thema. Enttäuscht gab ich dann irgendwann selbst auf, Najim nachzutrauern. Ich musste mich zudem wie Nicole auf andere Dinge konzentrieren. Ich hörte also auf, Bücher zu lesen, wandte mich wieder mehr meinen Freunden und Bekannten zu und ging abends mit ihnen ins Kino, zum Essen oder in Discotheken. Neue Chance – neues Glück! Daher traf mich auch der Satz meiner Mutter völlig unvorbereitet.

„Es ist ein Paket aus dem Ausland für dich gekommen, es liegt auf der Anrichte.“ Ich kam gerade von der Arbeit, hatte noch nicht einmal meine Jacke ausgezogen! Die Worte meiner Mutter lösten in mir einen wahren Freudentaumel aus. Ich nahm das Paket an mich und verschwand in meinem Zimmer. Zärtlich strich ich über den kleinen Karton, begutachtete die fremde Handschrift und den ausländischen Stempel. Endlich, endlich ein Lebenszeichen! Ungeduldig öffnete ich das Paket. Gleich oberhalb lag eine Musikkassette mit arabischen Liebesliedern. Die hatte ich mir einmal von Najim gewünscht. Weiter fand ich eine Schmuckschatulle. Darin lagen eine wunderschöne silberne Kette mit meinem Namen in arabischer Schrift – und ein Brief. Ich verschlang die Zeilen.

Habibti – meine liebe, süße Sandra

Wie beginne ich den Brief nach so langer Zeit?

Ich möchte dir so viel erklären. Du fehlst mir – deine Stimme, dein Lächeln. Jeden Tag träume ich davon, dich wieder in meinen Armen zu halten.

Entschuldige, dass ich auf deine Briefe keine Antwort gab. Höre zuerst, mein Liebling, was mit mir geschah, dann wirst du es verstehen. Ich bin jetzt beim Militärdienst, mein Schatz. Sie haben mich geholt, nachdem du fortgegangen bist. Es ist sehr streng hier. Ich wollte dir schreiben, mein Herz. Aber das erste halbe Jahr durfte ich keine Briefe versenden. Mein Dienst ist am fünfundzwanzigsten Oktober zu Ende. Wann werde ich dich wiedersehen? Wirst du kommen? Ich werde darauf hoffen.

In Liebe

Dein Najim

Ich sank erleichtert auf mein Bett. Ich las den Brief gleich ein zweites Mal. Endlich hatte ich eine Erklärung! Ich hatte immer gewusst, dass ich mich in ihm nicht täuschte. Ich spürte unendliche Erleichterung. Sofort gingen mir tausend Gedanken durch den Kopf. Ich würde nach Tunesien fliegen und ihn endlich wiedersehen! Sogleich wollte ich ihm zurückschreiben, ihm meine Freude mitteilen und ihn informieren, dass ich selbstverständlich kommen würde. Ich rannte, nein ich flog glückselig die Treppe unseres Hauses hinunter, schnappte mir meine Autoschlüssel und fuhr – zusammen mit meinem wertvollen Päckchen – zu Nicole. Sie freute sich mit mir, sie selbst war über Mohamed längt hinweg. Gemeinsam besprachen wir die Details meiner bevorstehenden Reise. Ach, was war nicht alles zu bedenken. Ob ich das Geld für den Urlaub aufbringen konnte? Wie würden meine Eltern reagieren, wenn ich alleine nach Tunesien flöge? Egal, ich war erwachsen und konnte tun und lassen, was ich wollte. Über welche Kleinigkeit sich Najim wohl freuen würde? In meiner Glückseligkeit wollte ich ihm einfach alles kaufen, ich müsste ihn nur danach fragen, was er sich wünschte. Voller Stolz zeigte ich Nicole die wunderschöne Halskette. Gemeinsam hörten wir die arabische Kassette und schwelgten für kurze Zeit wieder in gemeinsamen Erinnerungen.

Nicole war natürlich bereit, mich zum Erfurter Flughafen zu bringen und auch wieder abzuholen. Sie war neugierig, wie meine Reise werden würde.

„Es war wirklich ein Traumurlaub! Unvergessen und wunderschön", sagte ich, immer noch in meinen Erinnerungen an den ersten Tunesienbesuch gefangen.

Nicole lächelte etwas skeptisch. „Ob so etwas noch mal zu wiederholen ist?", fragte sie und in ihrem zweifelnden Ton lag auch schon die Antwort.

„Ich hoffe es sehr", sagte ich trotzdem, denn ich musste mir eingestehen, dass ich nach wie vor in Najim verliebt war!

Nun musste ich meine Pläne nur noch meinen Eltern mitteilen. Sie versuchten natürlich, mir die Idee, alleine nach Tunesien zu fliegen, auszureden. Erfolglos, denn ich war schon voller Euphorie! Wenn doch nur schon Oktober wäre. Ich verbrachte meine Zeit damit, Najim Briefe zu schreiben und auf Antwort zu hoffen. Tatsächlich kamen regelmäßig wunderschöne Zeilen von ihm, die ich hütete wie einen Schatz. Oft kamen sie in verschiedenen Handschriften, was mich sehr wunderte. Waren das gar nicht seine Briefe? Aber die Inhalte – das konnte nur er wissen – nur er schreiben. Auch wusste ich, dass seine englischen Sprachkenntnisse ziemlich schlecht waren. Teilweise waren die Briefe in bestem Englisch verfasst, zumeist in Französisch. Najim beherrschte auch diese Sprache nur unzureichend, obwohl es neben dem Arabischen die Landessprache war. Immer waren seine Briefe sehr romantisch, oft auch mit wunderschönen Malereien versehen. Da musste ein Künstler am Werk gewesen sein. Konnte Najim so gut zeichnen? Ich wusste es nicht. Natürlich war für mich die Hauptsache, dass ich ein Lebenszeichen erhielt. Ich verbrachte die nächsten Wochen voller Sehnsucht und Spannung. Äußerlich ruhig ging ich meiner Tätigkeit im Reisebüro nach, betreute Kunden, ging in die Berufsschule und traf meine Clique. Gerne waren wir zusammen in Erfurt unterwegs, hatten eine favorisierte Bar, in der wir Cocktails zum halben Preis bekamen und uns stundenlang unterhielten. Wir lernten dort auch ab und zu für die Abschlussprüfung, die in gut einem Jahr stattfinden sollte. Die Lehrer der Berufsschule hatten uns gebeten, schon zeitig mit den Vorbereitungen anzufangen. Oft schweiften wir jedoch ab und waren wieder bei den für uns wirklich interessanten Themen des Lebens angekommen. Häufig war auch Najim im Gespräch. Viele meiner Freunde waren liiert, ich Single. Seit Najims Briefen fühlte ich mich offiziell zu ihm gehörig und erzählte jedem, der es hören wollte, dass er mein Freund sei. Meine Bekannten und Freunde reagierten unterschiedlich. Einige warnten mich und waren skeptisch. Konnte so etwas gutgehen? Mit einem Araber? Was hatte man nicht alles schon gehört und gelesen. Was konnte Najim mir bieten? Welche Zukunftsaussichten hatten das Ganze? Natürlich waren mir ihre Argumente nicht fremd. Ich hatte in meinen Büchern von den möglichen Problemen gelesen. Doch für mich zählte einzig und allein das

Gefühl, die Liebe. Sie würde alle Hindernisse überwinden, dessen war ich mir völlig sicher. Eine eheähnliche Beziehung, die von Jahr zu Jahr langweilig vor sich hin dümpelte, hatte ich bereits erlebt. So etwas wollte ich nie wieder! Ich wollte Leidenschaft, einen Mann, zu dem ich aufschauen konnte, der mich innig liebte und der wusste, wie man eine Frau behandelt! Alles andere würde die Zukunft mit sich bringen.

Wie ich mich auf den Oktober freute! Ich konnte es kaum erwarten. Was wird er sagen? Wie werden wir unsere Zeit verbringen? Ich wollte gerne am Strand spazieren, im Mondschein küssen und lieben. Ich wollte auch seine Familie sehen, die ich längst ins Herz geschlossen hatte. Noch kannte ich nicht alle Familienmitglieder, damals waren nur Neyla, Sarama und Bessem im Haus gewesen. Auf Sarama freute ich mich am meisten. Wir hatten etwas gemeinsam, wir beide liebten ihren Sohn. So träumte ich oft in den Tag hinein und wurde nicht müde, Najims Briefe immer und immer wieder zu lesen.

Es waren so zärtliche Zeilen, voller Leidenschaft und Liebe für mich. Immer wieder schwelgte er in den Erinnerungen an die gemeinsam verbrachte Ferienwoche. Er vergaß kein Detail. Längst gestand auch er mir immer wieder seine Liebe und dass er vor Sehnsucht verging. Es waren wundervolle Worte, die ich in meinem Herzen genauso empfand.

Wiedersehen in Sousse

So unendlich langsam die Tage auch dahin krochen, so war der fünfundzwanzigste Oktober doch irgendwann endlich da. Am Tag meines Abfluges lag der Erfurter Flughafen im Nebel. Es war ungemütlich nass und kalt. Fast auf den Tag vor einem Jahr war ich von hier das erste Mal nach Tunesien geflogen! Ich war bereit, es konnte losgehen! Najim und ich wollten uns am späten Nachmittag vor dem Hotel Marabout treffen.

Endlich im Flugzeug suchte ich meinen Sitzgurt und hielt gleichzeitig die Zeitschriften, die mir die freundliche Stewardess vorher in die Hand gedrückt hatte. Nervös blätterte ich Seite um Seite durch, ohne wirklich zu lesen. In drei Stunden bin ich in Tunesien, dachte ich und bekam feuchte Hände. Wie das Wiedersehen wohl werden würde? Ich dachte an die unzähligen Momente während der letzten zwölf Monate, in denen ich mir nichts sehnlicher gewünscht hatte. Der Flug kam mir diesmal endlos lang vor. Mir war nun schon alles etwas vertrauter und ich beobachtete das Servicepersonal in der Tunis Air genauer. Die Männer hatten alle das gleiche pechschwarze Haar wie Najim. Arabische Wortfetzen drangen an mein Ohr und das Essen war tunesische Flugzeugkost. Ein Hauch Nordafrika schwappte jetzt schon zu mir herüber. Ich wurde immer nervöser. Wären wir doch nur schon da! Diesmal hatte ich das Gefühl, dass die Leute in der Tunis Air mich interessiert ansahen, weil ich alleine flog. Ahnten sie, dass ich meinen Freund besuchte? Machten so etwas viele Frauen? Ich hatte keine Ahnung!

Als der Bus einige Stunden später vor dem Hotel stoppte, war mir, als sei ich nie weg gewesen. Noch eine Stunde bis zum Wiedersehen! Ich packte aus, ging unter die Dusche und tat alles mechanisch und in fliegender Hast. Makeup, Parfüm, meine Handtasche, das Geld. Pünktlich verließ ich das Hotel und schaute mich draußen unauffällig um. Mein Herz schlug mir bis zum Hals. Najim war noch nicht da!

Ich setzte mich auf eine Steinbank und rauchte, mich fortwährend umschauend, eine Zigarette. Plötzlich sah ich jemanden lässig an der gegenüberliegenden Steinwand lehnen – er war es! Ich lief hinüber und fiel ihm in die Arme.

„Mein Habibti – Liebling, wie geht es dir?“, fragte er zärtlich. Ein unbeschreibliches Glücksgefühl durchdrang meinen gesamten Körper, während ich ihm tief in die Augen sah.

„Ach, ich bin so froh, dass ich endlich hier bin“, seufzte ich. Minutenlang küssten wir uns und ich lehnte meinen Kopf an seine Brust und schloss die Augen. Er duftete so gut! Endlich, endlich hatte ich ihn wieder.

„Komm, wir fahren nach Hause, meine Mutter erwartet dich“, sagte er. Eine halbe Stunde später hielt ich auch Sarama innig in meinen Armen und ließ mich von der warmen emotionalen Woge mitreißen, die mir diese Frau entgegenbrachte.

Als ich in ihr strahlendes Gesicht sah, in dem sich echte Wiedersehensfreude spiegelte, wurden auch meine Augen feucht. Wie lange hatte ich diesen Moment herbeigesehnt.

Neyla kam aus dem Schatten des Korridors hervor und stupste mich wie eine alte Freundin an. „Marhaba – Willkommen zurück, wie geht es dir?“

Verlegen wischte ich mir die Tränen ab und murmelte: „Très bien – sehr gut.“

Najim zog mich ins Wohnzimmer. „Das hier sind meine Geschwister Ranim und Malik, das ist Cousin Mehdi“, stellte er mir die drei vor. Ranim, Najims jüngere Schwester, saß zusammen mit ihrem kleinen Bruder Malik Sonnenblumenkerne kauend im Schneidersitz auf den zahlreichen, bunten Kissen am Erdboden. Sie war jungenhaft dünn, trug lässige Sportsachen und hob zur Begrüßung die Hand. Ihre Haare waren so kurz wie die einiger der Jungs von Bouhsinas Straßenecken. Ich mochte sie auf Anhieb.

Der gerade mal zwölf Jahre alte Malik war die Miniaturausgabe seines großen Bruders und Mehdi war ein Vetter, der Bessem oft bei der Arbeit im Geschäft half. Ich schätzte ihn auf etwas dreißig Jahre.

„Er kommt aus meines Vaters Dorf in den Bergen“, erklärte mir Najim. „Dort gibt es nur Ziegen und Bauern, keine Chance auf richtige Arbeit.“ Auch Mehdi war mir sehr sympathisch, obgleich ich feststellen musste, dass er keiner einzigen Fremdsprache mächtig war und wir uns nur mit Händen und Füssen verständigen konnten. Gesellig saßen wir alle in gemütlicher Runde und tanken Tee, den Sarama servierte. Vater Bessem käme auch bald nach Hause. In allen Gesichtern war die Spannung auf die Reaktion des Familienoberhauptes zu sehen. Wie würde er nach einem Jahr auf mich reagieren? Doch ich brauchte mir darüber keine Gedanken zu machen. Als er schließlich nach einem langen Arbeitstag nach Hause kam, begrüßte er mich ebenso herzlich, wie der Rest der Familie es getan hatte.

„Schön, dich wiederzusehen, Sandra. Wie geht es dir, hattest du einen guten Tag?“ Freundlich schüttelte er mir die Hand. Wir nahmen Platz und es entwickelte sich ein lockeres Gespräch mit ihm, während Sarama und Neyla das Abendessen zubereiteten und auftrugen. Wir aßen gemeinsam – auch ein deutliches Zeichen dafür, dass Tunesien das einzige arabische Land ist, in dem Frauen mehr Rechte als in jedem anderen arabischen Land haben.

Diesmal fand sich auf meinem Teller eine Art Eintopf mit köstlichem Hammelfleisch, Kartoffeln und einer rotbraunen Soße.

„Das ist Schakschuka“, erklärte mir Bessem. „Es ist dir bestimmt zu scharf.“ Ich sah zu Najim. Er reichte mir ein Stück Baguette zusammen mit einem Glas Cola.

„Hara“ – scharf – Sarama schnalzte mit der Zunge. Wir lachten. Ich nickte und meinte: „Aber sehr gut.“

Später, als das Essen beendet war, konnte ich mich in Ruhe einmal umsehen. Ich war bei meinem ersten Besuch im Hause Ouertani so nervös, dass ich vom Haus so gut wie nichts mitbekommen hatte. Familie Ouertani besaß eine Einrichtung, wie ich es mir in arabischen Ländern vorstellte. In der Mitte des Wohnzimmers befand sich eine große, goldverzierte Eckcouch, unten auf der Erde lagen jede Menge praktische Sitzkissen. Ein kleiner Couchtisch für den Tee stand daneben und viele bunte Familienbilder an den weiß getünchten Wänden rundeten die Gemütlichkeit ab. Ich betrachtete gerade fasziniert das große Koranbild an der gegenüberliegenden Wand, als Najim harsch nach seiner Mutter rief und einem Aschenbecher verlangte. Sarama brachte eilig das Gewünschte. Kurz darauf hatten alle außer Najim und mir den Raum verlassen.

„Schatz, ich muss dir etwas sagen, ich weiß bloß nicht wie“, seufzte Najim. Hastig zog er an seiner Zigarette. Ich wurde insgeheim etwas aufgeregt, weil ich nicht wusste, was Najim mir sagen wollte. Vielleicht ein Heiratsantrag?

„Ich war nicht beim Militär, sondern im Gefängnis. Als du damals geflogen bist, in der letzten Nacht, da haben wir noch einen Joint geraucht. Erinnerst du dich? Ich habe das schon öfter gemacht und habe auch immer mal etwas Stoff bei mir. Bei uns hier ist das Gesetz sehr streng. Sie haben mich erwischt. Ich war in Messadine – einem Gefängnis hier in der Nähe. Meine Verhandlung fand erst ein halbes Jahr später statt, sie verurteilten mich zu zwölf Monaten. Die Briefe, die ich dir sandte, haben Zellengenossen für mich geschrieben, denen ich die Inhalte diktierte. Ich bin erst seit ein paar Tagen wieder frei und hatte furchtbare Angst, es dir zu sagen.“ Er sah mich zögernd an.

Was hatte er nicht alles erleiden müssen, mein armer Liebling. Ich nahm ihn in die Arme. Er tat mir unendlich leid. Ich dachte an seine Familie. Was für eine Scham und Sorge musste das gewesen sein. Warum nur hatte er Angst, es mir zu sagen? „Nun ist es ja vorbei, alles ist gut“, sagte ich und küsste ihn. Er war sichtlich erleichtert.

„Du schläfst heute hier“, zwinkerte er mir zu. „Und jetzt machen wir uns einen schönen Abend.“ Najim fuhr mit mir wieder hinaus in die Nacht – Ziel unbekannt! Aber was machte das schon? Hauptsache, wir waren zusammen. Überrascht fand ich mich dann vor der Disco Samara wieder, jener Disco, in der Nicole und ich so Erschreckendes erleben mussten. Wie immer brodelte die Tanzfläche, die Menge tobte. Von überallher kamen Freunde und Bekannte auf Najim zu, er schien die Hälfte der Discobesucher zu kennen. Ich lernte Begriffe wie „Aslema – Guten Tag“ oder „Lebess –

Wie geht es?“ Einige seiner Freunde beachteten mich, andere nicht. Najim war unglaublich beliebt. Ich fand das toll! Wo er hinkam, stand er im Mittelpunkt. Ich hörte nur das Beste über ihn. Viele seiner Bekannten versicherten mir, wie stolz ich sein könnte, einen solchen Mann zu haben. Das nährte den Boden meiner Liebe zu ihm, ich genoss jede Minute an seiner Seite. Die folgenden Tage verliefen alle gleich. Früh standen wir auf und verließen nach einem kurzen Frühstück bei Sarama das Haus. Ich konnte meiner Morgentoilette nur ungenügend nachgehen, weil Najim ständig in fliegender Hast nach draußen wollte. Sein Freiheits- und Erlebnisdrang – nach dem Jahr in Messadine – schien unersättlich. Er erzählte nicht viel von seinem Jahr im Gefängnis, doch die Qual und was er dort erlebte, ließen ihn manchmal des Nachts im Traum sprechen oder schreiend aufwachen. So fügte ich mich seinen Bedürfnissen.

Wir fuhren Freunde besuchen, standen an Straßenecken und rauchten, tranken Bier. Gegen Nachmittag fuhr Najim mich dann auf meinen dringenden Wunsch hin zum Hotel, wo ich ausgiebig duschte und mich frisch machte. Auch ich tat alles in großer Eile, weil ich so schnell wie möglich wieder mit ihm zusammen sein wollte. Denn Einheimische haben in einigen tunesischen Hotels keinen Zutritt.

Dann sprach ich ein Thema an, das mich sehr beschäftigte und auch unglücklich machte. Ich nahm Najim das Versprechen ab, nie wieder Marihuana zu konsumieren und glaubte fest an ihn. Wir fanden trotz Najims wilder Besessenheit, viel zu erleben und nachzuholen, immer wieder Zeit für romantische Stunden zu zweit und für endlose Spaziergänge am Strand unter klarem Sternenhimmel. In diesen Momenten sprachen wir über unsere Zukunft, wie es weitergehen sollte, was wir dachten und fühlten. In solchen Augenblicken war ich meist verzweifelt, denn ich sah momentan keine realistische Chance für uns. Ich steckte mitten in meiner Ausbildung, hatte kein Geld und meine Eltern würden eine intensive Bindung zu einem Araber niemals gutheißen. Auf der anderen Seite wollte und konnte ich mir nicht mehr vorstellen, ohne Najim zu leben. Wir träumten davon, gemeinsam in Tunesien zu leben. Ich könnte in einem Hotel arbeiten, schließlich hatte ich diesen Beruf ja schon erlernt. Aber uns beiden war klar, dass ich meine Schule und Ausbildung erst einmal beenden musste und das dauerte mindestens noch ein Dreivierteljahr. In meinem Inneren tobte ein heftiger Kampf. Auf der einen Seite wollte ich keine Dummheit begehen und meine sichere Zukunft in Deutschland aufgeben. Auch war es nicht mein Traum, in das Hotelgewerbe zurückzugehen, Touristik machte mir viel mehr Spaß. Andererseits tat der bloße Gedanke, Najim wieder aufgeben zu müssen, unendlich weh. Man konnte sicherlich auch als Reiseleiterin in Tunesien tätig werden. Wir gaben uns das Versprechen, um unsere Liebe zu kämpfen.

Negative Schwingungen

Ich stand am Fenster und las noch einmal Najims letzten Brief. Diese zärtlichen Worte! Unten hörte ich meine Mutter rufen. Abendbrotzeit! Ich legte den Brief zu all den anderen in den Nachtschrank und eilte die Treppe hinunter. Lust hatte ich keine. Die Stimmung war mehr als gereizt, seit ich aus Tunesien zurückgekommen war. Mein übervolles Herz, meine Sehnsucht und Liebe, all das hatte ich meiner Mutter offenbart. Seitdem herrschte Eiszeit.

„Kennst du das Buch Nicht ohne meine Tochter?“, hatte sie mich entrüstet gefragt. „Lies es!“, forderte sie mich auf, ohne eine Antwort abzuwarten. Ihr war nun wohl endgültig klar, womit sie es hier zu tun hatte. Ihre Tochter liebte einen Tunesier! Nie fragte sie mich etwas Persönliches über Najim, warum ich ausgerechnet in ihn so verliebt war oder was ihn so besonders machte. Mein Vater hielt sich sowieso lieber aus allem heraus. Natürlich hatte ich auch Angst, dass meine Mutter stärkere Geschütze auffahren und Briefe abfangen würde. Ich hatte kein eigenes Telefon, es gab nur das allgemeine Haustelefon der Familie. Manchmal machte ich mit Najim brieflich Uhrzeiten aus, an denen er mich anrief. Natürlich hätte ich auch offizielle Telefonzellen benutzen und ihn selbst anrufen können, aber mein Geld war knapp. Im Februar wollte ich ihn wieder besuchen und ihm sein Lieblingsparfüm KENZO schenken, das fast fünfzig D-Mark kostete. All das ging mir auf dem Weg zum Abendbrot durch den Kopf.

Ich betrat das Wohnzimmer. Meine Familie saß schon am Tisch. Sie unterhielten sich, wie immer, über das Geschäft. Meine Eltern besaßen zwei Reisebüros, beide kurz nach der Wende aus dem Nichts aufgebaut. Ich war die Erste, die eine abgeschlossene Ausbildung in der Touristik haben würde, meine Eltern hatten den Beruf nie erlernt. Meine Mutter war also gleichzeitig meine Chefin und wollte, dass ich die Firma später einmal übernahm. Ich hatte nämlich noch einen jüngeren Bruder – Henrik – der an der Touristik kein Interesse hatte. Er arbeitete und lebte in München. Wir verstanden uns gut, hörten und sahen allerdings wenig voneinander. Ich setzte mich an den Tisch. Stille! Ich aß und sagte ebenfalls nichts.

Mein Vater räusperte sich irgendwann. „Henrik wird zu Weihnachten kommen, er hat heute angerufen, wir werden alle zusammen feiern, Oma und Opa kommen auch.“ Ich beendete schnell das Essen und wollte wieder auf mein Zimmer. Ich hatte mir ein Buch gekauft, über eine Deutsche, die mit einem Marokkaner verheiratet war. Ich brannte darauf, es zu lesen. Auch ein Buch über den Islam hatte ich besorgt. Vielleicht konnte ich ja Najims Familie mit meinem Wissen beeindrucken.

Die Wochen bis Weihnachten vergingen schnell. Die Briefe und Telefonate gaben mir einen nie gekannten Mut und bis Februar war es ja auch nicht mehr so lang. Einen Tag vor Heiligabend war mein Bruder Henrik eingetroffen und wir saßen mit den Eltern im Wohnzimmer bei Kaffee und Stollen. Henrik saß neben mir und goss sich Kaffee nach.

„Ich möchte gerne mit euch allen sprechen“, ergriff meine Mutter das Wort. Was hatte sie vor? „Es geht um Sandra und ihren … Tunesier.“ Das letzte Wort spuckte sie regelrecht abfällig aus. Sie wandte sich mir zu. „Sandra, kannst du uns mit Bestimmtheit versprechen, dass du diesen Mann niemals heiraten wirst?“

Was für eine Frage. Ich schluckte. Aber die Antwort war sonnenklar. „Nein, das kann ich nicht“, hörte ich mich sagen. Najim und ich hatten noch nicht über eine mögliche Hochzeit gesprochen, aber wie hätte ich versprechen können, dass ich ihn niemals heiraten würde?

„Das haben dein Vater und ich uns schon gedacht“, fuhr meine Mutter fort und schaute mich gequält an. „Dann wirst du hoffentlich auch mit der Konsequenz leben können, dass wir mit dir gemeinsam einen Notar aufsuchen werden, der dich von deinem Erbe entbindet.“

„Wir haben nicht jahrelang geschuftet, um unser Geld einem Schmarotzer zu geben. Der weiß doch ganz genau, was hier zu holen ist“, setzte mein Vater noch einen drauf.

Ich war entrüstet. Sie verurteilten Najim, ohne ihn zu kennen. Nie hatte er mich gefragt, ob meine Eltern reich wären. Wie konnten sie es wagen?!

„Gut“, sagte ich in möglichst gleichgültigem Tonfall. „Wenn ihr dann Ruhe gebt und mich mein Leben leben und meine eigenen Entscheidungen treffen lasst, bitte, kein Problem, gehen wir zum Notar.“ Ich sprang auf und verließ das Zimmer. Geld! Geld! Immer ging es nur um Geld! Seit Jahren arbeiteten sich meine Eltern kaputt, hatten fast keine Freizeit, gönnten sich nichts und hatten vergessen, was es hieß zu leben. Aber ich war nicht wie sie! Ich hatte einen Mann gefunden, der mich glücklich machte. Was interessierte mich ihr blödes Geld?

Später rief ich Najim in Tunesien an und klagte ihm mein Leid. Er tröstete mich.

„Schatz, lass deine Eltern reden. Wir gehören zusammen. Ich würde das Gleiche tun, wenn mein Vater gegen Dich wäre.“ Trotzdem wollte ich, dass er verstand, welches Opfer ich für unsere Liebe zu geben bereit war. Er sah das scheinbar als Selbstverständlichkeit an. „Ich liebe Dich, vergiss das nie“, hörte ich ihn noch sagen, dann war die Leitung unterbrochen.

Im Januar fuhr ich mit meinen Eltern zu Herrn Dr. Jacob. Er war der zuständige Notar und hatte bereits auf Wunsch meiner Eltern alle notwendigen Papiere zusammengestellt. Herr Jacob gab mir die Hand und stellte sich vor. Ich beschloss, so wenig wie möglich zu sagen. Mein Vater, rechts neben mir, schaute mich nicht ein einziges Mal an. Ich sah aus dem Fenster. Es nieselte. Ich fühlte mich unbehaglich, rutschte auf meinem Stuhl hin und her.

„Wir sind heute hier zusammengekommen“, begann der Notar, „um Frau Sandra Ostheim – dabei sah er mich an – aufgrund der persönlichen Umstände und familiären Auseinandersetzungen von ihrem elterlichen Erbe zu entbinden, wenn sie einen gewissen – nun schaute er in seine Unterlagen – Najim Ouertani ehelicht. Bitte hier ...“ Er schob mir ein leeres Blatt Papier über den Tisch. „Würden Sie mir bitte die vollständige Heimatadresse von Herrn Ouertani aufschreiben, ich brauche das für die Unterlagen.“ Ich schrieb das Gewünschte auf und schob ihm das Papier ohne Kommentar zurück. Dr. Jacob verließ den Raum und kam nach zehn Minuten mit drei Ausfertigungen der Enterbung zurück. Ich musste unterschreiben, meine Eltern auch. Ich erhielt ein Exemplar. Das war es wohl. Ich erhob mich. Draußen verabschiedete ich mich kurz angebunden von meinen Eltern. Ich wollte alleine sein. Während ich eine Zigarette rauchte, überflog ich das notarielle Schreiben.

Im Falle einer Eheschließung von Sandra Ostheim, Tochter von Elisabeth und Hans Walter Ostheim, geboren am ... und Herrn Najim Ouertani, geboren am ..., wohnhaft in ... Tunesien, geht das alleinige Erbe an Henrik Ostheim, Sohn von ... ebenfalls im Falle des Ablebens der Eheleute Ostheim. Stempel, Datum, Unterschrift, notarielle Beglaubigung.

Nichts fehlte. Ich fühlte eine vage Erleichterung. Ich hatte es hinter mir, jetzt konnte ich in Ruhe selbst entscheiden, wie meine Beziehung zu Najim weiterging. Ich war überzeugt, dass meine Eltern einzig und allein Sorge um ihr Vermögen hatten, und das war ja nun geklärt.

Fünf Wochen später stieg ich endlich wieder in ein Flugzeug nach Tunesien. Ich liebte dieses Land. Diesmal nahm ich Jessica mit, eine meiner besten Freundinnen. Ich brannte darauf, ihr Najim vorzustellen. Schon vor Wochen hatte ich ihn gebeten, uns ein Appartement zu besorgen, denn wir wollten diesmal alle zusammenwohnen. Najim holte uns vom Flughafen ab, er hatte eine Rose mitgebracht. Wir fielen uns in die Arme. Endlich! Ich strahlte und stellte ihm Jessica vor. Najim hatte ebenfalls einen Freund mitgebracht. So lernten wir Husseim kennen. Er war sehr nett und gutaussehend, schlank und einen Kopf kleiner als Najim. Wir fuhren nach Port el Kantaoui. Najim hatte dort ein großes Appartement mit zwei Schlafzimmern, großer Küche und Bad organisiert. Die ganze Fahrt über hielten wir uns an den Händen, küssten und umarmten uns. Ich legte meinen Kopf an Najims Schultern und fühlte mich angekommen. Jessica scherzte unterdessen mit Husseim. Meine Freundin hatte blonde, lange Haare, ein hübsches Gesicht und einen wohlgeformten Körper. Najims Freund war sofort von ihr angetan, das sah ich gleich. Gutgelaunt kamen wir in

Port el Kantaoui an und bezogen das Appartement. Zu Jessica und meinem Entsetzen war es aber alles andere als sauber. Also machten wir uns erst einmal an die Arbeit und putzten.

„Wo sind denn deine Sachen?“, fragte ich Najim erstaunt nach einem Blick in beide Schlafzimmer.

„Noch zu Hause, Habibti, ich hole sie später“, antwortete er. Husseim stand plötzlich in der Tür, in jeder Hand ein Reinigungsmittel vom Kiosk an der Ecke. Voller Eifer machte er sich an den Kühlschrank und putzte, was das Zeug hielt. Najim hockte unterdessen auf der Couch und rauchte. Später saßen wir alle gemütlich beisammen, tranken mitgebrachten Rum und Cola. Jessica ging kurz hinaus, sie wollte von einer Telefonzelle aus ihren Freund Nikolas zu Hause anrufen. Ich knutschte mit Najim. Er machte mir die schönsten Komplimente und ich genoss seine Nähe.

„Hier Schatz, für dich.“ Ich überreichte ihm mein Mitbringsel von zu Hause – sein heiß geliebtes Parfum. Er versprühte es sogleich überall am Körper und in der Luft. Ich protestierte. „Das ist sehr teuer, du musst sparsam damit umgehen.“ Aber davon wollte er nichts hören. „Was ist eigentlich mit deiner Arbeit?“, versuchte ich das Thema zu wechseln. „Du hattest mir geschrieben, du hilfst jetzt im Souvenirshop im KARAWAN aus. Hast du jetzt Urlaub genommen?“

Najim schüttelte den Kopf. „Ich habe dort wieder aufgehört, da ich zu wenig verdiene. Wenn ich meine täglichen Zigaretten und Taxifahrten abrechne, bleibt mir nichts mehr. Mein Vater gibt mir täglich was, so komme ich über die Runden.“ Ich verstand Najim nicht. Es war doch wichtig, arbeiten zu gehen. Warum war es ihm nicht peinlich, seinen Vater ständig um Geld zu bitten? Bessem gab Najim sogar die Chance, in seinem eigenen Souvenirshop auszuhelfen. Leider brachte niemand Najim frühmorgens aus dem Bett und so übernahm Mehdi an seiner statt.

„Hör mal Liebling“, er sah mich bittend an. „Ich will keinen Streit. Du verstehst das nicht. Hier in Tunesien gibt es keine gute Arbeit. Für wenig Geld muss man hier schuften wie verrückt. Bei euch in Deutschland ist das anders.

Wenn ich so viel verdienen würde wie du, ginge ich selbstverständlich arbeiten.“ Er zog mich an sich und streichelte mir über das Haar. „Du musst keine Angst haben, Schatz. Für dich mache ich alles. Ich bin kein Mann, der nicht arbeiten will, und ich weiß, dass ich für meine Frau sorgen kann.“ Ich nickte.

Jessica kam zurück. Bald darauf machten wir uns auf zu den Ouertanis. Ich hatte für alle kleine Geschenke dabei. Wir fuhren mit dem Taxi knapp fünfzehn Minuten nach Bouhsina. Meine Vorfreude war groß, lange hatte ich die Familie nicht gesehen. Vor allem auf Sarama freute ich mich. Ich war stolz auf „meine Familie“ und gespannt, was Jessica sagen würde. Doch diesmal war alles anders. Als wir das Haus betraten, fiel uns sofort die Stille auf. Ich war erstaunt, alle zusammen im Wohnzimmer zu finden. Sogar Bessem war da! Er stand als Erster auf und schaute mich gequält an. Sein Gesicht wirkte wie versteinert. Er nahm mich am Arm und zog mich in die Küche. Sarama folgte uns!

Zu dritt standen wir mitten im Raum. Bessem schloss die Tür.

„Was ist denn los?“, fragte ich mit einem mehr als flauen Gefühl im Bauch.

„Wir haben heute einen Brief von deinen Eltern bekommen“, sagte Bessem. Ich verstand zunächst gar nichts. Was wollten denn meine Eltern von den Ouertanis?

„Deine Eltern appellieren an unser Gewissen und bitten uns bei unserer Ehre, dass wir die Verbindung zwischen Najim und dir beenden sollen. Und vor allem verbieten sie eine eventuelle Hochzeit zwischen euch beiden.“ Bessems Worte ließen eine unglaubliche Traurigkeit und Wut in mir aufsteigen. Ich hatte meine Mutter unterschätzt. Ich ließ mir den Brief zeigen. Sie hatte keine Kosten und Mühen gescheut, ihn ins Französische übersetzen zu lassen. Wie konnte ich nur annehmen, nach der Enterbung werde sie Najim und mich in Ruhe lassen?

„Bitte sagt Najim nichts davon“, bat nun Sarama. „Er würde sehr wütend werden.“

„Nein, tut mir leid“, sagte ich. „Ich muss das mit ihm besprechen. Er merkt sowieso, dass mit mir etwas nicht stimmt“, sagte ich unter

Tränen. Mir war klar, was dieser Brief für Familie Ouertani bedeutete. Bessem konnte nun einer Hochzeit nicht mehr zustimmen. Sarama versuchte erfolglos, mich zu trösten. Plötzlich stand Najim in der Tür und sah mich weinen. Er fragte, was los sei, und ich erklärte es ihm. Danach diskutierten alle heftig und lautstark, und obwohl ich kein Wort verstand, war klar, worum es ging. Najim erwartete von seinem Vater die Zustimmung, falls wir heiraten sollten. In diesem Moment fühlte ich mich als Teil dieser Familie, in Liebe und wie eine Tochter aufgenommen. Mit jeder Faser meines Körpers konnte ich spüren, dass sich alle Gedanken um meine und Najims Zukunft machten und wollten, dass wir zusammenbleiben. Aber wie war das zu realisieren, nach diesem Brief meiner Eltern? Draußen erklärte ich kurz Jessica das Geschehene. Sie war geschockt. Bevor wir uns wieder auf den Weg machten, gab Sarama uns etwas zu essen mit und wir gaben ihr das Versprechen, spätestens in zwei Tagen wieder vorbeizuschauen.

Am Abend im Appartement, Husseim war schon lange nach Hause gegangen, legten wir uns auf das Bett. Najim hatte einen Kassettenrecorder organisiert und nun hörte ich wunderbare, tieftraurige, arabische Liebeslieder, die eine ganz eigenartige Stimmung herbeizauberten. Mein Schatz lag neben mir und übersetzte mir alle Lieder. Ich hatte das Gefühl, dass die arabische Welt mich völlig gefangen hielt. Najims Übersetzungen waren unglaublich schön. Sie landeten direkt in meiner Seele. Er küsste mich minutenlang, erforschte mit seiner Zunge meinen Mund, meinen Hals und meine Brüste, bis ich lustvoll aufstöhnte. Seine Hände waren überall und liebkosten mich dort, wo meine Lust es sich am meisten wünschte. Ich wollte ihn in mir spüren, jetzt sofort. Aber er verlangsamte unser Liebesspiel und streichelte sanft meinen Körper, liebkoste jeden Zentimeter und machte mir die schönsten Komplimente. Bei ihm fühlte ich mich geborgen, unglaublich schön und begehrenswert. Ich wollte ihn so sehr. „Najim, bitte", bettelte ich. Er erlöste mich und drang lustvoll in mich ein. Mein Unterleib zog sich zusammen, bis ich auf einer Welle des Glücks explodierte, eins mit ihm und meinen Gefühlen.

Später entschlossen wir uns, in die Grotte zu gehen. Ich war versessen darauf, Jessica die Discothek zu zeigen, in der ich Najim das erste Mal gesehen hatte. Jetzt zog er uns zu einer der Couchgruppen. Von hier hatte man einen fantastischen Blick auf die Tanzfläche.

„Schatz, ich bin gleich wieder da", brüllte er mir zu und verschwand. Ich sah ihn die nächsten dreißig Minuten hier und da auftauchen, er schien wieder einmal eine Menge Leute zu kennen. Irgendwann wurde mir langweilig. „Komm", schrie ich zu Jessica, „lass uns tanzen." Wir tanzten und versuchten, ganz arabisch, den Hüftschwung. Es sah gar nicht schlecht aus. Sofort bildete sich ein Kreis von Männern um uns herum, tanzten und klatschten begeistert mit. Wir lachten und machten weiter.

Plötzlich sah ich Najim auf mich zukommen, sein Gesicht wirkte verärgert. Er packte mich am Arm und ich folgte ihm zu unserem Platz.

„Was soll das?", fragte er mich barsch und zeigte auf die Tanzfläche. „Denkst du, ich will, dass meine Frau sich so benimmt?“, fauchte er mich an.

Mein Lächeln gefror. „Ich habe doch gar nichts gemacht“, versuchte ich mich zu verteidigen. Er winkte verärgert ab! Wir sagten kein Wort mehr. Ich beobachtete Jessica auf der Tanzfläche. Sie tanzte mit einem gut aussehenden Mann. „Hey“, ich stupste Najim an, um die Situation wieder etwas aufzulockern, aber er blieb verärgert. Dann war Jessica plötzlich nicht mehr zu sehen. „Ich geh mal meine Freundin suchen“, rief ich Najim zu, der sofort aufsprang und mit dem Kopf schüttelte.

„Nein, nein, ich werde sie suchen.“ Er verschwand und kam nach kurzer Zeit wieder. Er zeigte auf eine abgedunkelte Couchgruppe und schaute abfällig. „Sie redet dort drüben mit dem Typ von der Tanzfläche.“

Ich lachte. „Lass sie doch, gönn es ihr, sie hat Urlaub“, erwiderte ich.

Najim schüttelte angewidert den Kopf. „Sie hat doch zu Hause einen Freund. Machst du das etwa auch so?“, fragte er bissig.

Ich war völlig entsetzt. Wusste er denn nicht, dass ich mich wirklich für niemand anderen interessierte, weil nur er allein meine große Liebe war? Ich versuchte ihn zu beruhigen, aber er blieb den ganzen Abend über wütend und gereizt. Ich selbst nahm die ganze Angelegenheit nicht so wichtig, er würde sich schon wieder beruhigen. Seine Eifersucht imponierte mir sogar ein bisschen, zeigte es doch, wie sehr er mich liebte.

Am nächsten Tag unternahm Jessica etwas mit Husseim, sie gingen zusammen an den Strand zum Schwimmen. Najim und ich fuhren nach Monastir. Es sollte ein romantischer Ausflug nur für uns beide werden. Ein Taxi brachte uns in die etwa zwanzig Kilometer östlich von Sousse gelegene Küstenstadt. Wir hatten das Pech, mit einem strenggläubigen Fahrer unterwegs zu sein. An seinem Rückspiegel im Wageninneren baumelte der Koran in Miniaturausgabe. Ich hatte so etwas schon öfter in Tunesien gesehen, aber jetzt übersah auch Najim dieses kleine Detail und ich dachte mir nichts dabei. Wie selbstverständlich kuschelten wir uns im Auto aneinander und Najim küsste mich immer und immer wieder. Plötzlich bremste der Fahrer ab und schaute verärgert in den Rückspiegel. Najim fuhr fort mich zu küssen und nun wurde der Mann sehr wütend. Eine Hasstirade ergoss sich über meinen Schatz, der sich daraufhin reumütig bei dem Fahrer entschuldigte. Der ließ aber nicht mit sich reden und warf uns hinaus.

„Das wäre alles nicht passiert, wenn wir verheiratet wären“, seufzte Najim. „Ich kann es kaum erwarten, dass du meine Harussa – meine Ehefrau – wirst“, sagte er zärtlich zu mir. Ich fand das wieder einmal unheimlich romantisch von ihm und es imponierte mir auch, dass mich mein Schatz so in aller Öffentlichkeit küsste, obwohl das in Tunesien nicht gerne gesehen wird, eigentlich sogar verboten ist. Er sah mich tatsächlich als seine Frau an. Das war ein großartiges Gefühl! Wir nahmen ein anderes Taxi und kamen am späten Vormittag in Monastir an. Wir besuchten den Jachthafen und gingen Hand in Hand spazieren, später aßen wir Meeresfrüchte in einem Restaurant.

Leider musste ich ein weniger schönes Thema ansprechen. „Habibi, ich kann dich jetzt lange

Zeit nicht mehr besuchen. Ich habe bis zum Sommer nicht mehr frei und wir können uns einige Monate nicht sehen.“

Najim wurde sehr traurig. „Wie soll ich das aushalten, ohne dich?“, fragte er verzweifelt. Mir wurde auch das Herz schwer. Aber ich wollte unseren schönen Ausflug nicht in trauriger Stimmung verbringen.

„Mein Schatz, ich werde immer wieder zu dir zurückkommen, vergiss das nie“, ich beugte mich über den Tisch und küsste ihn kurz.

„Nhebek barcha – Ich liebe Dich sehr“, antwortete er mir und drückte meine Hand. „Ich möchte dir einen Ring kaufen, lass uns zum Goldschmied in die Medina gehen.“ Ich war überglücklich. Ein Ring von Najim, der mich stets an unsere Liebe erinnerte. Wie schön, ich würde ihn immer tragen.

Die restlichen Tage meines Urlaubes flogen dahin und es war bald wieder Zeit für die Abreise! Najim begleitete Jessica und mich nach Monastir zum Flughafen Habib Bourguiba International und es war, wie schon so oft, traurig und dramatisch. Wir konnten uns einfach nicht trennen. Er war meine Hälfte, ohne ihn fühlte ich mich schrecklich verlassen. Ich weinte hemmungslos und Najim, obwohl wir uns bereits verabschiedet hatten, kam drei Mal zurück, um mich wieder und wieder zu küssen.

„Vergiss nicht, dass ich dich über alles liebe“, rief er mir zu, winkte und verteilte Handküsse von weitem. Ach, wie liebte ich ihn! Ich konnte es jetzt schon kaum erwarten, ihn wiederzusehen und klammerte mich wie eine Ertrinkende an die Hoffnung, es möge bis dahin so wenig Zeit wir möglich vergehen.

Im Mai 2001 besuchte ich Najim ein weiteres Mal. Diesmal sollte es eine Überraschung werden. Ich hatte mir für den ersten Mai, meinen einzigen freien Arbeitstag, ein Flugticket gekauft. Frühmorgens hin, spätabends zurück. Ich hielt es nicht mehr aus ohne meinen Schatz. Ich ließ mich von Husseim abholen und nach Bouhsina fahren. Najim lag noch im Bett, als ich leise eintrat. Seine großen Augen und seine Freude werde ich nie vergessen. Ich schloss leise die Tür ab und schlüpfte zu ihm ins Bett. Diese seidenweiche Haut, dieser muskulöse Körper, wie ich ihn liebte. Ich küsste seinen Hals, seine Hände, streichelte über seine Brust, bis mich die Lust übermannte. Najim war ein wunderbarer Liebhaber, ich konnte nicht genug von ihm bekommen. Wir liebten uns den ganzen Tag, kamen nicht aus dem Zimmer. Hunger verspürten wir keinen, gestanden uns immer wieder unsere Liebe und glaubten fest daran, bis zum Tod zusammenzubleiben. Nur noch wenige Wochen und ich würde meine Abschlussprüfung bestehen. Dann war ich endlich frei. Ich fieberte diesem Moment entgegen. Najim und ich malten uns in den schönsten Farben unsere Zukunft aus. Ich hatte meiner Mutter erklärt, dass ich nach der Ausbildung frei sein und im Büro nicht übernommen werden wolle. Von guten Bekannten borgte ich mir dreitausend D-Mark. Alle meine Freunde aus der Berufsschule hatten bereits ihre neuen Arbeitsverträge in der Tasche. Mein Ziel hieß Tunesien! Ich würde dort drei Monate mit meinem Schatz verbringen. Zeit genug, um Arbeit zu suchen, uns ein Leben aufzubauen. Ich war voller Tatendrang. Stundenlang schrieb ich Bewerbungen, die ich mitnehmen wollte. Vor Ort erhoffte ich mir Vorstellungsgespräche in diversen Hotels oder als Reiseleiterin. Najim bat ich, uns ein günstiges Appartement zu besorgen. Ich wollte quasi die Ehe mit ihm testen. Tag und Nacht zusammen, ich stellte mir immer wieder lächelnd all das vor.

Böses Erwachen

Im August war ich endlich abfahrbereit. Ich saß auf zwei großen Koffern, meinem Start ins Glück. Meine Eltern und Freunde waren entsetzt und versuchten mich zu überreden, in Deutschland zu bleiben. Ich aber konnte nicht mehr ohne Najim leben. Er war wie die Luft und das Wasser für mich. Ich erstickte, ich verdurstete ohne ihn. Die Sehnsucht war nicht zu beschreiben, und so setzte ich meinen Plan in die Tat um.

Mitten in Bouhsina hatte uns Najim ein Appartement gemietet, das wir im August 2001 glücklich bezogen. In der ersten Zeit kamen wir nicht aus dem Haus, wir liebten uns, waren stolz auf unsere kleine Wohnung und freuten uns auf die gemeinsame Zeit, die vor uns lag. Unser Appartement lag ebenerdig und war durch ein Tor vor der Außenwelt geschützt. Betrat man das Appartement, lag rechter Hand das Schlafzimmer, das aus einem einfachen Doppelbett und einem Schrank bestand. Ging man weiter, kam man in das kleine Wohnzimmer mit integrierter Miniküche. Das Bad beherbergte lediglich eine Dusche und Toilette, eine Badewanne gab es nicht. Familie Ouertani besuchten wir nur selten.

Wir gingen gemeinsam einkaufen. Najim erklärte mir arabische Gerichte und ich versuchte alles, um eine anständige Hausfrau zu werden. Kochen hatte ich leider nie gelernt. Aber es schmeckte uns immer, was ich zurechtbrachte, denn wir brauchten nur uns beide, um glücklich zu sein. Recht schnell zollten wir der Tageshitze Tribut und wechselten die Zeiten unserer Aktivitäten. Wir schliefen am Tag und gingen in der Nacht aus dem Haus.

Das Geld schwand schnell und ich musste mehr als einmal besonders Acht darauf geben, dass es uns nicht gänzlich ausging. Ich hatte lediglich diese dreitausend D-Mark zur Verfügung, von denen wir zunächst leben mussten. Zu meinen Eltern bestand kein Kontakt mehr, was mir nur recht war. Ich konnte ihnen nicht verzeihen, dass sie meine Liebe so boykottierten. Ab und zu telefonierte ich nach Deutschland, sprach mit meinen Freunden und genoss ansonsten mein Leben.

Nach einigen Wochen sprach ich Najim an, dass es nun an der Zeit wäre, mir Arbeit zu suchen. Meine Bewerbungen hatte ich mitgebracht und war bereit. Najim jedoch machte keine Anstalten, mich irgendwo unterzubringen, geschweige denn mich zu Vorstellungsgesprächen zu begleiten.

„Schatz, wir müssen nicht arbeiten“, sagte er ein ums andere Mal. „Lass uns doch unser Leben genießen.“ Ich versuchte ihm klar zu machen, dass das Geld fast aufgebraucht war und ich gerne für immer bei ihm in Tunesien bleiben wolle. Allerdings mit Zukunfts- und Jobaussichten. Er wurde immer ärgerlicher.

„Ich will nicht, dass meine Frau hier arbeiten geht, die Männer warten nur darauf, dass sie schöne Frauen in Hotels anmachen können“, erklärte er mir barsch. „Ich will dich hier bei mir haben, du gehst nirgendwo hin.“ Er selbst machte zu meiner Überraschung trotzdem keinerlei Anstalten, sich einen Job zu suchen. Ich wurde immer verzweifelter und die Stimmung gereizter. Wir stritten immer öfter – manchmal nächtelang. Er betrank sich und machte mir bittere Vorwürfe, dass ich nur arbeiten gehen wollte, um Männer kennenzulernen. Jedes Argument meinerseits stieß bei ihm auf taube Ohren. Irgendwann hielt Najim die ständigen Streitereien nicht mehr aus und schlief oft nicht mehr, wenn wir gegen Morgen nach Hause kamen. Er ging dazu über, auch am Tag das Appartement zu verlassen, während ich schlief. Er vergaß nie, abzuschließen und kam oft erst acht, neun Stunden später zurück. Ich wehrte mich gegen das Eingeschlossen-werden. Ich wollte, wenn ich ausgeschlafen war, einkaufen gehen und verschiedene Dinge erledigen.

„Schatz“, sagte er, „ich gehe doch nur zum Gym und bringe anschließend Essen für uns mit. Ich will nicht, dass dir was passiert. Selbst hier im Haus wohnen gefährliche Leute und Bouhsina ist ein heißes Pflaster. Du kannst und darfst dich draußen nicht ohne mich bewegen. Versteh doch. Ich liebe dich“, argumentierte er. Was sollte ich nur tun? Ich gab schließlich klein bei und ließ immer wieder zu, dass er die Tür hinter sich abschloss.

Ich verbrachte meine Tage mit putzen, kochen und lesen. Nachts gingen wir aus. So kam es, dass ich den 11. September 2001, als die Welt den Atem anhielt und die Flugzeuge ins World Trade Center stürzten, eingeschlossen im Appartement verbrachte und erst sehr viel später davon hörte. Mittlerweile durfte ich auch nicht mehr telefonieren. Najim hatte geschafft, mich völlig von meinem Umfeld abzuschotten und meinen Widerstand im Keim zu ersticken. Die einzige Abwechslung in meinem Dasein fand ich in den Nächten, in denen wir ausgingen, manchmal mit seinen Freunden, oft nur wir beide. Ich genoss es, mich für meinen Schatz hübsch zu machen und trug ab und zu auch mal einen kürzeren Rock. Dies veranlasste Najim bereits dazu, mich zu fragen, wie der Mann hieße, dem ich gefallen wolle, woher ich ihn überhaupt kenne und wo ich ihn an diesem Abend träfe. Stand er mit mir auf der Straße und einer seiner Bekannten fuhr mit dem Motorrad vorbei, war er sich stets sicher, dass ausgerechnet dieser Freund mich besonders begehrenswert fand und nur deshalb diese Straße benutzte.

Ich war fast völlig isoliert. Auch zu Husseim bestand leider im Moment kein Kontakt mehr.

Denn eines Abends, als wir alle drei in einer netten Bar zusammensaßen, unterhielt ich mich angeregt mit Husseim. Ich hatte ihn stets als freundlichen, gut erzogenen und fleißigen Mann erlebt. Sein Vater hatte ein Bekleidungsgeschäft in der hiesigen Medina und er half dort täglich. Husseim war Najim ein treuer und loyaler Freund. Oft versicherte er mir, was für ein großartiger Mensch Najim sei und wie sehr er mich lieben würde. Ich sonnte mich in solchen Gesprächen und versicherte meinerseits meine große Liebe zu meinem Schatz. An jenem Abend war es Najim nicht recht, dass ich so nah bei Husseim saß. Ausgerechnet an jenem Abend trug ich zudem einen langen Stoffrock, der beim Sitzen die Umrisse meiner Beine zeigte. Anlass genug für Najim, Husseim Vorhaltungen zu machen, dass er meine Beine bewundere. Himmel nochmal, wie konnte man nur so eifersüchtig sein? Najim und Husseim lieferten sich ein heftiges Wortgefecht, bei dem Husseim immer wieder Najim kameradschaftlich auf die Schultern klopfte und versuchte, der Situation Herr zu werden. Er schaffte es nicht.

„Ich weiß auch nicht, was in ihn gefahren ist. Aber er liebt dich nun mal so sehr ...“, gab er schließlich achselzuckend auf, verabschiedete sich höflich und verließ eilig die Bar.

Solche und ähnlich hässliche Szenen begannen sich zu häufen. Najim erfand Männer, denen ich angeblich hinterher sah. Er war eifersüchtig auf meine Vergangenheit, fragte mich immer und immer wieder nach Männern in meinem Leben. Im Detail musste ich ihm sämtliche Episoden schildern, die ich selbst teilweise längst vergessen hatte. Dann fragte er später wieder danach, und wenn ich etwas vergaß oder es beim erneuten Erzählen anders darstellte, war das für ihn der Beweis, dass ich log. Er misstraute mir und zerstörte so mit seiner krankhaften Eifersucht Stück für Stück unsere Liebe.

Ich bat Najim, zu Bessem gehen zu dürfen. Dort weinte ich mich aus und bat um Rat. Vater Bessem redete eindringlich mit Najim, versuchte ihn von seiner Eifersucht abzubringen, aber es war auch ihm unmöglich. Sein Sohn war wie besessen! Eines Nachts, Najim hatte mich wieder einmal auf der Straße in ein

Streitgespräch verwickelt, stürzte er mit einem Mal und fiel der Länge nach hin, schlug mit dem Kopf auf und war sofort bewusstlos! Auf der Stelle vergaß ich meinen Ärger und beugte mich sorgenvoll über ihn. Er reagierte nicht auf mein Rufen und ich nahm ihn verzweifelt in die Arme. Ich hockte am Erdboden und bettete seinen Kopf sanft auf meinen Schoss.

„Bitte Najim, komm zu dir", jammerte ich leise vor mich hin. Um mich herum bildete sich schnell eine Menschentraube, einige beugten sich zu Najim herunter und andere versuchten, Hilfe zu holen. Er reagierte noch immer nicht! Nach einigen Minuten, die mir wie Stunden vorkamen, öffnete er die Augen.

„Habibti, ich liebe dich", hörte ich ihn sagen. „Bitte verlass mich nicht, es tut mir leid." Längst war mein Ärger verflogen und ich war heilfroh, dass er wieder bei Bewusstsein war. Irgendwann einmal gestand er mir, er hätte den Sturz nur vorgetäuscht, um mich wieder für sich zu gewinnen. Damit hätte ich nie im Leben gerechnet. Denn aus meiner Sicht musste er mich nie zurückgewinnen, ich war immer sein.

Natürlich war er zwischendurch der Najim, in den ich mich verliebt hatte. Dann war er besonders einfühlsam, zärtlich und beschenkte mich mit Blumen oder Schmuck, sorgte sich um mich, behandelte mich wie einen kostbaren Schatz und wurde nicht müde zu betonen, wie sehr er mich liebte. Und das zeigte er auch immer wieder. Es waren chaotische Straßenverhältnisse in Sousse und nachts konnten die Autos leicht Menschen erfassen, die zu nah am Rand entlang spazierten. Dann ging er stets links von mir auf der Fahrbahnseite, um mich von den Fahrzeugen abzuschirmen. Oft sagte er mir, er würde lieber sterben, als dass mir etwas passierte.

Abends saßen wir händchenhaltend an der Strandpromenade und sahen den flanierenden Menschen zu. Kam ein Blumenverkäufer vorbei, konnte ich mir sicher sein, dass ich nicht ohne einen Strauß nach Hause gehen würde. Najim hatte Freude am Schenken. Stets gab er den Bettlern auf der Promenade einen Dinar, und wenn Kinder vorbeiliefen, war er herzensgut zu ihnen und verschenkte Bonbons, die er wie durch ein Wunder immer aus irgendeiner

Tasche zauberte. Er lehrte mich tunesische Begriffe, erklärte mir stundenlang, welche Wörter die arabischen Sänger in ihren Liebesliedern verwendeten und küsste mich immer und immer wieder. Er fand stets die richtigen Worte, die sich tief in meine Seele einbrannten, um mir seine Liebe zu zeigen. Auch vor seiner Familie hielt ihn nichts zurück. Er liebkoste mich vor den Augen seiner Mutter, die als gläubige Muslima versuchte, das Ganze lächelnd zu ignorieren. Neyla sagte mir ein ums andere Mal, wie gerne sie eine solch große Liebe einmal selbst erleben würde. Sie war mittlerweile im heiratsfähigen Alter und wünschte sich eine gut funktionierende Partnerschaft voller Romantik. Mehdi erzählte mir oft Episoden, wie Najim während der Zeit, in der ich in Deutschland war, vor Sehnsucht fast verging und nächtelang nicht schlafen konnte. Mehdi genoss Najims Vertrauen, schlief stets im Wohnzimmer. Häufig wurde er nachts von ihm geweckt, um sich stundenlang Geschichten über mich anzuhören, wie groß seine Liebe zu mir war und wie sehr er mich vermisse. Mehrmals weinte Najim dabei und Mehdi musste ihn trösten. Wenn es dann soweit war und ich endlich nach Tunesien kam, machte Najim die ganze Familie verrückt, um auch sicher zu sein, die besten Klamotten und die hippste Frisur zu haben. Oft musste Neyla ihm versichern, dass er sehr chic aussah und sein Outfit absegnen. Wenn wir seine Freunde trafen, konnte ich mir gewiss sein, dass der eine oder andere mir voller Eifer übersetzte, was Najim gerade in Arabisch über mich zum Besten gegeben hatte. Es waren Worte voller Liebe, Einfühlsamkeit und Zuneigung. Er war sehr stolz auf mich und zeigte das auch jedem. Seine Freunde behandelten mich daher mit großem Respekt und sahen mich als seine Frau an.

Doch auch Najim hatte eine Vergangenheit. Folglich erlebten wir auch Eifersuchtsanfälle seiner ehemaligen tunesischen Bekanntschaften. Wenn ich mit ihm Hand in Hand spazieren ging, kam es schon mal vor, dass eine seiner Verflossenen im Auto vorbeifuhr und bitterböse Bemerkungen aus dem Fenster rief. Najim war immer bereit, mir genau zu erklären, wer das gerade war und warum sie so furchtbare Dinge sagte. Die Beleidigungen galten nämlich stets mir, nicht Najim. Er hasste es, wenn mir so etwas angetan wurde, eben weil er mich liebte.

Dann wiederum konnte er von einer Sekunde auf die andere umschwenken und wieder eifersüchtig und wütend werden. Ohne für mich ersichtlichen Grund! Zum Beispiel machte er mir unmissverständlich klar, dass ich nach drei Monaten nicht einfach wieder nach Hause fliegen könnte. Mein Pass und das Rückflugticket befanden sich an einem mir unbekannten Ort. Zu seiner Familie wollte und konnte ich nicht gehen, um schon wieder um Hilfe zu bitten. Das ließ mein Stolz nicht zu.

Diese ständige Achterbahn der Gefühle, diese abrupten Wechsel zwischen Himmel der Liebe und Hölle der Eifersucht waren zwar sehr anstrengend, aber auch der Grund dafür, dass ich noch immer nicht von Najim lassen konnte, ich liebte ihn mehr als mein eigenes Leben. Umso eifersüchtig zu sein, bedurfte es einer großen Liebe, da war ich mir sicher. Ich musste es nur schaffen, ihn davon zu überzeugen, mir zu vertrauen. Ich tat mein Bestes. Immer und immer wieder flehte ich ihn weinend an, mir zuzuhören. Ich liebe ihn doch und wolle, dass er mit diesen grundlosen Verdächtigungen aufhörte. Najim weinte ebenso manch bittere Träne und versuchte mir zu erklären, dass sein Kopf krank sei und er ins Krankenhaus müsse. Ich gab ihm zweihundert D-Mark, damit er sich durchchecken lassen könne. Aber das tat es nie.

Irgendwann war meine Kraft erschöpft und ich drohte, ihn zu verlassen. Am Abend kam er dann mit einem Messer nach Hause.

„Ich bringe mich um“, sagte er. „Wenn du mich verlässt, bring ich mich um.“ Als Beweis verletzte er sich am Bauch und sah zufrieden zu, wie der Schnitt zu bluten anfing. Er kannte mich mittlerweile sehr genau, denn er spielte mit meiner Zuneigung. Immer, wenn es ihm schlecht ging oder wenn er sich verletzte, vergaß ich sofort meine ausgesprochenen Drohungen und wendete mich ihm wieder besorgt und fürsorglich zu.

Ich erlebte ihn aber manchmal auch anders. Eines Tages informierte mich Familie Ouertani über eine Hochzeit in den Bergen bei einer Berberfamilie. Es handelte sich um einen Familienzweig von Bessem. Ich war froh über die Abwechslung und glücklich, dass man mich mitnahm. Najim versäumte es leider, mich zu informieren, wie so etwas vonstattenging, und so war ich sicher nicht angemessen gekleidet. Ich trug Hosen und eine Jacke. Erstaunt stellte ich fest, dass sich Neyla und Ranim traditionell schmückten und einheimische Trachtenbekleidung trugen.

Bessem hatte extra für die Hochzeit einen Kleintransporter gemietet, in dem wir nun zu siebt saßen. Die Fahrt zog sich hin und endlich erreichten wir die Berge. Es war mittlerweile dunkel geworden und ich hatte furchtbaren Hunger. Als wir am Ziel angekommen waren und ausstiegen, empfing uns sofort eine Menschenmenge und ich wurde von Najim weggezogen, der seinerseits im Dunkeln verschwand. Er kümmerte sich nicht weiter um mich und mein Wohlergehen. Ich wurde von Neyla an die Hand genommen und zu einem Haus gebracht. Von allen Seiten erscholl laute Musik, einige Schafe und Ziegen blökten und ich sah viele Menschen in traditionellen Gewändern sich eifrig unterhalten und geschäftig umherlaufen. In dem Haus setzten wir uns alle auf den Erdboden und wurden bewirtet. Niemand sprach mit mir, niemand übersetze, aber alle redeten offensichtlich über mich. Ich wurde von den einheimischen Berbern gemustert und man fragte die Ouertanis über mich aus. Später nahmen wir vor dem Haus auf etwa fünfzig Plastikstühlen Platz, die ausnahmslos von Frauen in Kopftüchern besetzt waren. Ranim, Neyla und Sarama trugen auch welche. Die Musik setzte ein. Ich fühlte mich ohne Najim schutzlos und suchte mit meinen Augen die Umgebung ab. Schließlich fragte ich Neyla, ob sie wisse, wo er sei.

„Er ist dort drüben“, sie zeigte auf einen weiteren Hinterhof, wo eine noch größere Anzahl Stühle standen und die Männer feierten. Najim tanzte und hatte Spaß. Er sah sich nicht einmal nach mir um.

Ich war traurig darüber, dass er mir nie etwas über seine Herkunft erklärt hatte, seine Wurzeln und seine Mentalität. So war ich trotz der gelesenen Bücher ahnungslos und nicht vorbereitet, dass zum Beispiel Frauen und Männer bei den Berbern noch immer getrennt feierten.

Aber trotz allem fand ich hin und wieder Zugang zu Najim, zum Beispiel wenn er mir von seiner über alles geliebten Großmutter Zohra erzählte. Zohra wohnte in Kairouan, einer Stadt mit etwa hundertzwanzigtausend Einwohnern, fünfzig Kilometer westlich von Sousse. Sie war schon sehr alt und die Familie verehrte sie. Ich kam in den drei Monaten meines Tunesienaufenthaltes ebenfalls in den Genuss, sie kennenzulernen.

Ich war fasziniert von Kairouan. Eine unglaublich traditionelle Stadt, mit verwinkelten Gassen und einer wunderschönen Altstadt mit fantastisch aussehenden Moscheen. Seit 1988 steht Kairouan auf der UNESCO-Liste des Weltkulturerbes. Zohra wohnte in einem traditionellen Haus mit einer wunderschönen Eingangstür aus Holz, mit Griffen in Form der Hand der Fatima. Man trat in einen Eingangsbereich mit großen Mosaiken, der in einen mit Sitzkissen ausgelegten Vorraum mündete. Ging man weiter, kam man in einen nicht überdachten Innenhof, an den fünf Zimmer angrenzten, eines schöner als das andere.

Großmutter Zohra nahm mich herzlich auf und ich verbrachte unvergessliche Stunden in Kairouan.

Mein Schlafgemach erinnerte mich an Tausendundeine Nacht. Najim und ich hatten ein Himmelbett ganz für uns alleine. Mich wunderte immer wieder, dass ich bei Familie Ouertani so offiziell übernachten durfte, selbst bei Zohra, denn wir waren ja nicht verheiratet.

Die Großmutter hatte eine Gehilfin im Haus, eine junge Frau, die Najim stets wohlwollende Blicke zuwarf und mich offensichtlich ablehnte. Sie war sehr gläubig und missbilligte schon allein deshalb meine Beziehung zu Najim. Aber ich war in ihren Augen die Böse und alleine verantwortlich für den Frevel. Najim wiederum mochte die Bedienstete nicht und gab mir des Öfteren zu verstehen, dass er sie für eine Hexe halte, denn er bekam stets, wenn wir in Kairouan waren, seltsame Flecken auf der Haut. Die Frau habe den bösen Blick, versicherte er mir. Ich selbst bekam seltsamerweise nie Hautausschlag.

Najim und ich spazierten ein ums andere Mal durch die verwinkelten Gassen und er zeigte mir, wo er seine Kindheit verbracht hatte. Oft saßen wir in Kairouan weit ab vom Geschehen in einem Park, sprachen über uns und träumten von der gemeinsamen Zukunft. In diesen Momenten, in denen mir der Zugang zu seiner Welt nicht verwehrt blieb, fühlte ich mich heimisch und angekommen. Ich konnte mir immer noch sehr gut vorstellen, mit ihm hier zu leben. Wenn er nur seine völlig grundlose Eifersucht bändigen könnte. Hier hatte er viel Zeit für mich, seine Freunde waren weit weg und er behandelte mich wie seine Ehefrau und ganz normal. Das versöhnte mich mit den Geschehnissen in Sousse und ich schöpfte wieder Hoffnung.

Ich wollte nicht, dass diese romantischen Stunden endeten, sobald wir wieder daheim waren. Deshalb bat ich Najim, unsere Schlafenszeiten zu wechseln. Denn mittlerweile war es Oktober geworden und längst nicht mehr so heiß. Ich wollte tagsüber schwimmen gehen, mit ihm zusammen schöne Dinge erleben und nicht mehr den ganzen Tag verschlafen. Najim war einverstanden. Der Stadtstrand von Sousse glich einer Postkarte, das Meer türkisblau und man konnte im Oktober noch ganz fantastisch schwimmen. An einem dieser warmen Tage ging ich alleine ins Meer, während Najim lieber an Land blieb. Ich war stets neidisch auf seine Bräune. Er war schon nach nur einer Stunde am Strand eine Nuance dunkler, ich hingegen bekam Sommersprossen und einen Sonnenbrand.

Ich schwamm glückselig im Meer und genoss den Augenblick und das Gefühl von Freiheit. Aus den Augenwinkeln sah ich auf einmal einen jungen Mann heranschwimmen, geradewegs auf mich zu. Er war fast noch ein Kind, ich schätzte ihn auf höchstens sechzehn Jahre.

„Hallo, schöne Frau, in welchem Hotel wohnst du?“, sprach er mich an. Ich sah erschrocken zum Ufer hin. Najim war bereits aufgestanden und schaute zu uns herüber. Schnell sagte ich dem Jungen, dass ich in keinem Hotel wohnen würde, sondern in Bouhsina. Kaum hatte ich den Ortsnamen genannt, machte er schnell eine Kehrtwendung und schwamm eilig davon. Ich musste lachen, Bouhsina war wirklich berüchtigt!

Mit einer bösen Vorahnung machte ich, dass ich aus dem Wasser kam, und watete die letzten Meter zum Strand. Da stand Najim und funkelte mich böse an. In diesem Moment zuckte ich zusammen und schrie vor Schmerz. Ich war noch nicht ganz aus dem Wasser heraus, da hatte mich eine Feuerqualle erwischt. Wie tausend Stromschläge fühlte ich die Tentakel an meinem rechten Bein. Ich flüchtete. Najim rannte mir entgegen und trug mich ans Ufer.

„Qualle!“, keuchte ich und biss die Zähne zusammen. Najim eilte zum Kiosk und besorgte Eiswürfel. Während er fürsorglich die schmerzende Stelle an meinem Bein mit dem Eis kühlte, horchte er mich über den Jungen aus, der mich angesprochen hatte. Seine Eifersucht übernahm wieder die Kontrolle über ihn und er erklärte mir, dass ich nicht mehr zum Schwimmen gehen dürfe. Und alleine sowieso nirgendwohin.

Ich traute meinen Ohren nicht. Schon wieder hatte ich keine Freiheiten mehr. Es fühlte sich an wie eine Verurteilung zum Gefängnisaufenthalt. Und das legte sich mir mehr und mehr aufs Gemüt. Mittlerweile hielt ich beim Spazierengehen ständig den Blick gesenkt, bloß nicht den Blick heben, es könnte ja Najim dazu veranlassen, mich wieder zu rügen, weil ich einen Mann angeschaut hätte, der zufällig vorbei lief.

Ich hatte mittlerweile immer öfter Angst vor Najim. Er konnte unberechenbar böse und gereizt sein in seiner Eifersucht. Es kam so weit, dass ich die Tage zu zählen begann, bis die drei Monate meines Aufenthalts in Tunesien vorbei sein würden. Immer klarer wurde die Erkenntnis, dass ich mit einem solchen Mann nicht dauerhaft zusammenleben konnte. Wenn er so übertrieben wütend, ja fast rasend wurde, mich nächtelang nicht schlafen ließ, mich verhörartig mit den immer gleichen Fragen nach meinen vergangenen Beziehungen quälte, hasste ich ihn regelrecht. Das kam immer öfter vor. Die Momente, in denen er lieb und fürsorglich war, wurden immer seltener. Immer öfter verurteilte er mich für aus der Luft gegriffene Verdächtigungen. Längst war das Zusammenleben zu einem Albtraum geworden. Auch fand ich es nicht in Ordnung, wie er mit seiner Familie umging. Wenn wir in der Rue Fakir waren und bei Sarama Kaffee tranken, herrschte er seine Mutter oft in einem völlig unangebrachten Befehlston an, den man allenfalls auf einem Kasernenhof erwartet hätte. Das war entsetzlich. Oft rügte ich ihn deswegen. Mit seiner Mutter, die ich über alles liebte, verstand ich mich ausgezeichnet. Unsere gemeinsame Sprache war Französisch, das ich in der Schule gelernt hatte. Sarama selbst war früher einmal Lehrerin gewesen. Doch Najim mangelte es auch ihr gegenüber am nötigen Respekt.

„Hol mir einen Aschenbecher!“ oder „Bring mir was zu essen!“, herrschte er sie oft an. Ich wunderte mich stets, dass sie das Gewünschte ohne Widerspruch brachte und das als selbstverständlich ansah.

Die Töchter der Familie, Neyla und Ranim, mussten unterdessen den Haushalt erledigen. Jeden Tag wurde ausgewischt. Dazu nahmen sie einen großen Eimer Wasser, schütteten ihn auf den blanken Boden im Wohnzimmer und zogen das Wasser dann mit einer Art Schaber aus dem Haus.

Obwohl Geschwister, waren sie so unterschiedlich wie Tag und Nacht. Ranim war die Sportive, die in ihrer Freizeit gerne Volleyball spielte, sämtliche Männersportarten mochte und sich nicht groß für ihr Aussehen oder für die Jungs in ihrem Alter interessierte. Neyla war die Fraulichere, immer um ihr Äußeres bemüht, ein wenig kokett und mit dem klaren Ziel, später einmal einen Prinzen zu heiraten. Oft sprach sie davon, mit ihm dann all die Dinge machen zu können, die ihr bis jetzt verwehrt blieben.

Ihr Traum war es, einmal eine Disco von innen zu sehen, zu tanzen und sich zu amüsieren. Sie durfte aber leider nicht aus dem Haus. Selbst Najim wollte das nicht! Ich habe es oft genug bei ihm und Bessem versucht, sie für einen Abend mit uns ausgehen zu lassen. Keine Chance! Bessem ließ Ranim und Neyla zwar die freie Entscheidung über ein Kopftuch – beide trugen keines –, aber Freiheiten hatten sie deswegen trotzdem nicht. Neyla war schon längst im heiratsfähigen Alter, Ranim als die Jüngere hatte noch viel Zeit. Neyla tanzte für ihr Leben gern. Oft hörte sie Musik in ihrem Zimmer und übersetze mir die romantischen Lieder. Sie sprach viel von Liebe und war ein emotionaler Mensch. Stets schwärmte sie von einem freien zukünftigen Leben. Dass Neyla noch Jungfrau war, verstand sich von selbst. Eines Tages lernte sie durch Schulfreunde Hassan kennen, einen Mann, der in ihren Augen alles hatte, was sie sich wünschte. Er war attraktiv, muskulös und gut gebaut. Sein Gesicht konnte man als hübsch bezeichnen, aber seine Augen waren eiskalt.

Als mich Neyla einmal fragte, wie mir Hassan gefiele, war ich ehrlich. „Er hat so böse Augen, ich traue ihm nicht." Neyla jedoch war sehr verliebt. Und Hassan war oft im Hause Ouertani zu Besuch. Neyla bekochte ihn und war überglücklich, wenn er ihr Essen lobte. Sie sah sich schon als zukünftige Ehefrau. Auch Bessem war anfangs ganz angetan von Hassan und lud ihn gerne in sein Haus ein. Neyla wurde mit Schmuck und Rosen beschenkt und es sah tatsächlich so aus, als ob sie ihren Ehemann gefunden hatte. Nun durfte sie manchmal abends bei Dunkelheit vor das Gartentor in der Rue Fakir treten und kurz mit Hassan sprechen. Ich glaube, sie küssten sich heimlich auch ab und zu, wenn auch nur sehr flüchtig. Sie fragte mich eines Tages, warum Hassan auf ihre zarte körperliche Annäherung so abweisend reagierte. Ich erklärte ihr, dass er sich sehr angezogen von ihrem Körper fühlte und Angst hatte, sich nicht beherrschen zu können. Ihre naive Frage ließ mich schmunzeln, merkte ich doch, wie völlig unbefangen sie in Liebesgeschichten noch war. Enger Körperkontakt, Streicheln oder Umarmen war für Hassan absolut tabu. Das wusste er genau, daran hielt er sich. Mit der Zeit wurde er aber immer eifersüchtiger. Er verlangte nun von Neyla, ein Kopftuch zu tragen. Sie sollte ihr schönes, wallendes schwarzes Haare verdecken. Wozu eigentlich, wenn sie nur in der Schule und sonst eigentlich ständig daheim war und Hausarbeiten erledigte? Er unterstellte ihr irgendwelche Bekanntschaften. Es kam wenn auch selten vor, dass Neyla zu Klassenkameradinnen gehen durfte, um in deren Heim gemeinsam zu lernen. Obwohl das nur ein kleiner Freiraum war, nahm Hassan die wenige Freiheit, die sie hatte, zum Anlass, Geschichten zu erfinden. Wo sie auch war und was sie auch tat, er wurde stets aggressiv und eifersüchtig. Neyla weinte tagelang. Als Bessem sah, dass seine Tochter unglücklich war, lehnte er eine Verlobung kategorisch ab. Diese unumstößliche Entscheidung des Familienoberhauptes gab Hassan den Rest. Sie brachte ihn völlig zur Weißglut. Er stürmte in die Rue Fakir, in das Haus der Ouertanis, ging den Hausherren lautstark an und vergriff sich heftig im Ton. Die Situation eskalierte. Hassan drohte handgreiflich zu werden, zückte ein Taschenmesser und bedrohte damit Neylas Vater! Eine Ungeheuerlichkeit und ein großer Skandal. Die gesamte Familie geriet in Aufruhr. Wir mussten Najim festhalten, er hätte Hassan sonst wahrscheinlich umgebracht. Es hätte durchaus eine Tragödie werden können.

So erlebte ich erstmals hautnah, wozu arabische Männer fähig sein können, wenn sie sehr verliebt und eifersüchtig sind und die Fassung verlieren. Neylas und Hassans Traum war danach jedenfalls zu Ende. Neyla wurde schwer krank. Sie lag tagelang nur auf einem der Kanapees in der Wohnung und rührte sich nicht. Die Enttäuschung war zu groß. Hassan war ihre erste große Liebe gewesen. Doch Sarama kümmerte sich aufopfernd und brachte sie nach einigen Wochen wieder auf die Beine.

Die Arbeitsaufteilung hatte sich dann auch verändert: Sarama übernahm nun wieder alle Pflichten im Haushalt und Ranim kümmerte sich unterdessen um ihre Schwester. Jetzt kochte Sarama jeden Tag. Ein Wohlgeruch nach Gewürzen und Aromen durchzog täglich das Haus. Ich liebte Saramas Essen, und da ich mittlerweile an die tunesische Küche gewöhnt war, brachte jeder Tage neue Genüsse.

Bessem hatte den Traum, das Haus auszubauen. Er wollte eine Boutique für Damenbekleidung eröffnen, sodass Sarama neben ihren Hausfrauenpflichten noch einen Nebenerwerb bekam. Darauf sparte er eisern. Außerdem wollte er für Najim und mich auf den schon vorhandenen Flachbau eine zweite Etage setzen und erklärte uns, dass wir dann dort einziehen könnten. Was für eine tolle Überraschung. Im Oktober schon begannen die Umbauarbeiten für die Boutique. Da Najim immer noch keine Arbeit hatte, war ich überzeugt davon, dass er nun wenigstens seinem Vater helfen würde. Aber nichts da. Erstaunt musste ich feststellen, dass Bessem zwei Studenten organisierte, die den Schutt abtrugen und mit der Schubkarre aus dem Haus schafften. Najim stand währenddessen vor der Haustür am Straßenrand. Er rauchte und machte sich über die schwer arbeitenden Studenten auch noch lustig. Mir war das äußerst unangenehm. Einige Male versuchte ich ihn davon zu überzeugen, dass er doch seinem Vater helfen solle. Davon wollte er jedoch nichts wissen. Mich erstaunte auch, dass Bessem ihn nicht einmal mehr zu fragen schien, ob er mit zupacken könne. Er hatte es wohl aufgegeben, weil er Najims Antwort längst kannte? Natürlich warnte mich meine innere Stimme eindringlich und oft genug, dass ich hier Najims wahren Charakter sah. Er war arbeitsscheu.

Mir war durchaus bewusst, was das für die Zukunft bedeutete. Aber immer war da noch das kleine Fünkchen Hoffnung, dass er bestimmt nur einen lukrativen Job benötigte, der ausreichend Geld brachte, um motiviert zu sein.

Ich liebte, da färbt man schön und betrügt sich gerne selbst. Ich hatte eine Familie gefunden. Noch wollte ich diesen Traum eines gemeinsamen Lebens weiter träumen. Aber es kam anders. Najim ging wieder dazu über, die Nacht zum Tag zu machen. Was bedeutete, dass ich wieder eingeschlossen wurde. Wie ich das hasste! Stets appellierte Najim an meinen Verstand, dass er nicht verantworten könne, dass ich in Bouhsina alleine herumlief. Ich hatte keinerlei Chance, ihn umzustimmen. Und je näher mein Abflugdatum rückte, umso mehr bekam Najim Panik, dass ich ihn verlassen könnte. Er weinte viel. Ihm war schon klar, wie schlimm er sich in den drei Monaten benommen hatte. Doch er konnte nicht anders, konnte einfach nicht aus seiner Haut.

Seinen Versprechungen, sich zu ändern, glaubte ich nicht mehr. Er umschrieb mit den schönsten Worten seine Zuneigung zu mir, war zärtlich und romantisch, um im nächsten Moment von Eifersucht übermannt wieder völlig durchzudrehen. Was konnte ich noch tun? Ich wusste mir nicht mehr zu helfen. Ich schrieb meiner Freundin Nicole einen verzweifelten Brief, in dem ich sie bat, mich aus Sousse herauszuholen, obwohl es nicht mehr lange bis zu meinem regulären Abflugtermin dauerte. Die Angst saß mir im Nacken. Angst, dass ich nicht aus Tunesien herauskommen könnte. Nun fragte sich bloß, wie ich diesen Brief abschicken könnte? Eines Nachts, wir waren zusammen in der Nachtbar „Boule Rouge", gab ich vor, dringend auf die Toilette zu müssen. Mir schlug das Herz bis zum Hals, als ich ohne Hast in Richtung der Sanitäranlagen ging. Als ich sicher war, dass Najim mich nicht mehr sehen konnte, stürzte ich aus der Bar und rannte mit brennenden Lungen so lange, bis ich das nächste Hotel erreichte. Ich hastete zur Rezeption und bat den Portier, diesen Brief abzusenden, er sei sehr, sehr wichtig. Ich gab ihm etwas Geld.

Als ich noch völlig außer Atem aus dem Hotel trat, stand Najim vor mir. Er schrie und tobte, wurde handgreiflich und stieß mich auf die Straße. Er war außer sich.

„Welchen Mann hast du getroffen, mit wem bist du verabredet?“, schrie er mich an. „Wieso bist du in dieses Hotel gelaufen? Wohnt hier dein Verehrer? Mit wem betrügst du mich?“ Er packte mich an den Schultern und schüttelte mich heftig. In seinen Augen sah ich nur unbeherrschte, kalte, gefährliche Wut.

Ich konnte nicht mehr! Ich wollte nur noch weg von ihm. Weg aus Tunesien. Mein Herz war schwer, war voller Leid. Ich sehnte den Tag des Rückfluges herbei und hoffte inständig, dass Najim mich fliegen lassen würde. Er musste es einfach tun! Ich bot alle meine Kräfte auf, ihn zu überzeugen, mich gehen zu lassen. Ich versprach ihm alles, was er hören wollte. Dass ich ihn liebte, dass ich selbstverständlich wiederkäme, dass ich zu Hause nur nach dem Rechten sehen wolle. Er beruhigte sich etwas, entschuldigte sich bei mir für sein Verhalten und weinte bittere Tränen, umarmte mich und rief verzweifelt: „Ich liebe dich doch so sehr.“

Nicole hatte sich nicht gemeldet. Ob mein Brief verloren ging, vielleicht sogar nicht versendet worden war, habe ich nicht klären können. Er kam jedenfalls nie bei ihr an.

Schließlich kam der Tag des Abfluges. Und? Najim ließ mich tatsächlich nach viel Überzeugungsarbeit seiner Familie gehen. Jedoch nicht, ohne mein gesamtes Hab und Gut bei sich zu behalten. Und ich musste ihm hoch und heilig versichern, dass ich zurückkommen würde. Ich verabschiedete mich unter Tränen und ohne einen Pfennig in der Tasche.

Schmerzhafter Verlust

So kam ich völlig mittellos zurück nach Deutschland. Nachdem ich meinen Eltern das Versprechen gegeben hatte, die Liaison mit „dem Tunesier“ endgültig zu beenden, zog ich wieder bei ihnen ein.

Ich telefonierte mit Najim und beendete unsere Beziehung, voller Schmerz und Leere im Inneren. In den nächsten Wochen nahm ich stark ab und war alsbald nur noch ein Schatten meiner selbst. Daher bemerkte ich auch nicht sofort, dass meine Regel ausblieb. Im November 2001 hatte ich Gewissheit. Ich war schwanger!

Trotz meines großen Schmerzes um den Verlust meiner großen Liebe war ich glücklich. Ich hatte ein Kind von ihm. Etwas, was mir blieb. Für immer! Ich liebte dieses Kind heiß und innig. Ich wollte es großziehen und nähren. Ich war felsenfest davon überzeugt, dass meine Eltern mir helfen würden. War es nicht die Hauptsache, dass ich weg von Najim war? Dass für sie endlich wieder Ruhe einkehrte? Leider täuschte ich mich.

An Weihnachten gestand ich meiner Mutter die Schwangerschaft. Ein großer Familienrat wurde einberufen. Meine Großeltern und meine Eltern saßen am festlich gedeckten Tisch.

„Wie konntest du nur?“, hörte ich meine Großeltern voller Entrüstung sagen. „Ein Kind von einem Araber! Das akzeptieren wir niemals.“

Meine Eltern bliesen ins gleiche Horn. „Womit haben wir das verdient? Wovon willst du leben? Hier kannst du – könnt ihr nicht bleiben. Wenn du das Kind nicht wegmachen lässt, musst du selbst sehen, wie du klar kommst, dann bist du nicht mehr unsere Tochter.“

Sollten sie nur reden. „Ich werde das schaffen. Ich habe noch mein Auto, das ich verkaufen kann. Mit den knapp sechstausend D-Mark werde ich ein neues Leben beginnen“, rebellierte ich trotzig. Wo und wie war mir natürlich nicht wirklich klar.

„Du wirst auf der Stelle ausziehen“, eröffnete mir meine Mutter. Mein Vater ergänzte: „Ja, das wirst du. Wenn es hart auf hart kommt, würde ich immer zu deiner Mutter halten.“ Ich brach tränenüberströmt zusammen. Wo sollte ich hin, was tun? Ich nahm meine Autoschlüssel, meine Jacke und verließ das Haus, stieg ins Auto und fuhr ohne Ziel einfach los. Tränen strömten aus meinen Augen und ich schluchzte heftig. Ich sah das herankommende Auto nicht und nahm ihm die Vorfahrt. Rums!

Mir war zum Glück so gut wie nichts passiert, aber das Auto war ein Totalschaden. Ich zitterte am ganzen Körper und war völlig fertig. Nun blieben mir nicht mal mehr die sechstausend D-Mark. Mit Glück bekam ich zwei Hunderter für den Schrottwert.

Einige Tage später ging ich schweren Herzens zu Pro Familia. Dort weinte ich hemmungslos. Die zuständige Sachbearbeiterin versuchte, mich davon zu überzeugen, mein Kind zu behalten. Ich erzählte ihr meine gesamte Geschichte.

„Sie könnten in eine Sozialwohnung ziehen“, bot sie mir an.

Ich schluchzte. „Ich habe ja nicht mal Möbel oder einen Hausstand“, antwortete ich. Sie informierte mich, dass ich im Sozialkaufhaus Möbel erstehen könnte. „Von welchem Geld denn?“ jammerte ich. Sie zuckte mit den Schultern. „Und ein Frauenhaus?“, fragte ich hoffnungsvoll. „Oder ein Mutter-Kind-Heim?“ Für Letzteres war ich zu alt und für das Frauenhaus hätte ich durch die Bedrohung durch Najim in Gefahr sein müssen, aber die bestand nicht, denn er war ja in Tunesien.

Ich weinte und weinte und konnte mich nicht beruhigen. Schweigend legte die Sachbearbeiterin mir daraufhin die Bescheinigung zur Einwilligung der Abtreibung vor.

Meine Mutter fuhr mich höchstpersönlich zum Abtreibungstermin. Es war früh am Morgen und ich saß im Wartezimmer des Krankenhauses. Essen und Trinken durfte ich vierundzwanzig Stunden vorher nichts mehr, aber ich fühlte weder Hunger noch Durst. Ich sprach mit meinem Kind in meinem Bauch. „Es tut mir so leid, es tut mir so leid, bitte verzeihe mir.“ Schließlich wurde ich in das Ärztezimmer gerufen. Dort stand der Gynäkologen-Stuhl.

„Bitte ziehen sie sich aus“, wurde ich von einer freundlichen Schwester aufgefordert. Sie untersuchte mich. Ich sah auf dem Monitor mein Kind. Es war so wunderschön. Es war bereits partiell entwickelt und man sah die einzelnen Gliedmaßen.

„Bitte“, ich sah die Schwester verzweifelt an. „Würden Sie mir ein Bild machen und es mir geben?“

Die Schwester schaute zur Tür. „Das ist eigentlich verboten, aber für Sie mache ich eine Ausnahme.“ Sie lächelte mich an und ich konnte den Stuhl verlassen. Sie druckte mir daraufhin ein Ultraschallbild aus. Wenig später wurde ich noch einmal von der beauftragten Ärztin in Augenschein genommen. Als die Untersuchungen abgeschlossen waren, wurde ich in ein Krankenbett gelegt und zur Operation geschoben. Es war kalt in dem Raum und ich fror. Ich wollte nur noch einschlafen, in der Hoffnung, dass es schnell vorbeiging. Wie sehr hatte ich mir anfangs ein Kind mit Najim gewünscht. Ich war sicher, das Kind in meinem Bauch war ein Mädchen. Jasmin hätte ich sie genannt, ein wunderschöner Name. Wenn Najim wüsste, dass ich gerade unser Baby töten ließ ...

Aber ich sah überhaupt keine andere Chance für mich, ich war mittellos und alleine. Niemand half mir. Mit Najim wollte und konnte ich nicht mehr zusammen sein, er hatte mein Vertrauen und meine Zuneigung zerstört. Warum nur hatte er mir all das angetan? Ich verlor mich in Erinnerungen an die drei Monate in Tunesien. Wie glücklich waren wir am Anfang und wie bitter hatte es geendet. Warum konnte er mir nicht vertrauen, warum nur war er so eifersüchtig? Ich verstand es nicht. Hatte ich nicht alles aufgegeben für ihn? War es nicht ein großer Beweis meiner Liebe, dass ich nach Tunesien gekommen war? Ich hatte genug Zeit in Tunesien verbracht, um ein Leben aufzubauen, eine Arbeit zu suchen und mich an die arabische Mentalität zu gewöhnen. Es wäre die Chance für uns gewesen! Seine Familie liebte mich, sogar einer Heirat hätte man zugestimmt. Bessem sah mich bereits als Schwiegertochter an und Sarama liebte mich so innig wie ihre eigenen Kinder. Mit jedem Familienmitglied verstand ich mich ausgezeichnet, eine gute Basis für ein gemeinsames Leben. Najim aber hatte alles zerstört!

Wie wohl seine Beziehungen vor mir gewesen sein mochten? Er hatte nie wirklich viel davon erzählt. Hatte er die Frauen genauso behandelt oder kam es erst gar nicht dazu? Neyla hatte mir stets beteuert, dass ich Najims erste große Liebe war und er vor mir noch nie sein Herz verloren hätte. Wie konnte er mir dann so etwas nur antun? War es, weil ich Deutsche war? Weil ich vor ihm schon andere Männer hatte? Aber selbst das wusste er von Anfang an. Er hat sich auf mich eingelassen, er wollte mich mit Haut und Haaren, er wollte das gemeinsame Leben, genau wie ich. Worin bestand also das eigentliche Problem? Langsam sank ich in den Dämmerschlaf.

Als ich aufwachte, hatte ich den Schwangerschaftsabbruch durchgestanden und durfte mich ein wenig erholen. Es war dennoch schrecklich! Ich fühlte mich unendlich schuldig und schlecht. Wenn ich nun nie wieder

Kinder bekommen könnte? Ein grauenvoller Gedanke. Diese Sorge nahm mir die Ärztin. Ich erlebte die Situation wie durch einen Nebel und durfte nach einer Stunde mit Medikamenten und einem Attest in der Jackentasche nach Hause gehen. Und plötzlich hatte ich alles wieder zurück – mein Leben, meine Arbeit, mein zu Hause!

Wieder vereint

Najim bedrängte mich mit Briefen. Die sandte er mittlerweile zu einer Freundin von mir, deren Adresse ich ihm vor längerer Zeit einmal gegeben hatte. Seit eineinhalb Jahren kamen sie nun in regelmäßigen Abständen. Es waren wunderbare, zärtliche, liebevolle Briefe, aber auch traurig, reumütig und verzweifelt. Er sah alles ein. Er bat um Verzeihung. Irgendwann rief ich ihn wieder an und wir führten stundenlange Gespräche. Oft hatte ich danach kein Geld mehr. Najim verkaufte seinerseits seine Lieblingsjeans und andere für ihn wertvolle Dinge, um mit mir telefonieren zu können. Er war wieder der Mann, den ich geliebt hatte. Er fand stets die richtigen Worte, beschwor immer unsere große Liebe. Er wurde nicht müde, sich zu entschuldigen und Besserung zu geloben. Er hatte die Gabe, mit seinen Worten wie ein Magier mitten in mein Herz zu treffen, sodass ich mich dem nicht entziehen konnte. Ich musste mir eingestehen, dass ich ihn immer noch liebte.

Aber es schlugen zwei Herzen in meiner Brust. Ich hatte wahrlich gelitten, doch vergessen konnte ich diesen Mann auch nicht. Mein Herz war so gebrochen, ich hatte mich kaum erholt, trotz der langen Zeit, die ich wieder in Deutschland war. Und ich hatte immer noch Angst. Die vielen dunklen Momente während der drei Monate in Tunesien waren zu schrecklich gewesen. Ich diskutierte mit Najim stundenlang am Telefon. Ich erklärte ihm meine Lebensansichten, meine deutsche Mentalität und meine Wünsche. Alles in Bezug auf sein Verhalten. Er war einfühlsam und verstand scheinbar, was mich bewegte.

Die quälenden Erinnerungen an diese drei Monate in Tunesien verblassten mit der Zeit. Längst waren wir dazu übergegangen, uns wieder als Paar zu verstehen. Ich musste etwas tun. Nur was? Ich beschloss, Najim den Vorschlag eines Treffens auf neutralem Boden zu machen. Diesmal sollte es nicht Sousse, sondern Tunesiens Hauptstadt Tunis sein. Ich wollte weder seine Familie sehen noch irgendeine andere Person aus seinem Umfeld. Ich wollte alleine mit ihm sprechen, um ihm die

Chance zu geben, sich noch einmal zu erklären. Mein romantisches Naturell ließ mich immer öfter in angenehmen Erinnerungen schwelgen. Ich hatte nicht vergessen, wie zärtlich und liebevoll Najim sein konnte. Und so passierte es, dass ich für sein absurdes Verhalten in jenen drei Monaten immer neue Erklärungen und Entschuldigungen fand – für mich erfand. Das konnte ja schließlich noch nicht alles gewesen sein, oder? Wenn ich ehrlich zu mir selbst war, musste ich mir eingestehen, dass ich mich sehnte, dass ich ohne ihn nicht weitermachen konnte. So flog ich nach Tunis – nur für ein verlängertes Wochenende, mehr nicht. Meinen Eltern erzählte ich von einem Kurztripp mit Jessica nach Paris.

Ich konnte das Wiedersehen mit Najim kaum erwarten. Selbst der Flug konnte gar nicht schnell genug gehen. In Tunis nahm ich ein Taxi zum Hotel. Ich war völlig von meinen Gefühlen gesteuert und sehr aufgeregt. Ich musste ihn einfach sehen! Er kam die weite Strecke von Sousse nach Tunis. Er liebte mich, ich wusste es einfach.

Wir blieben fast das gesamte Wochenende im Hotelzimmer. Er nahm mich zärtlich in die Arme und schenkte mir eine Halskette, auf der unser beider Namen eingraviert waren.

Najim versuchte, sich zu erklären. „Schatz, nie wieder werde ich dir das antun. Ich war krank und verrückt. Ich liebe dich über alles. Ich gehe arbeiten, ich biete uns ein gutes Leben, du wirst schon sehen. Bitte, komm zu mir zurück." Er streichelte meinen Körper, küsste meine Augenlider, während ich fortwährend weinte. Die bloße Anwesenheit dieses Mannes machte mein Herz so schwer. All meine Gefühle fuhren Achterbahn. Wie sollte ich sie nur steuern? Intellektuell war mir klar, dass es aussichtslos war, einen bloßen Neubeginn zu starten. Nur wenn ich aus Erfurt wegzöge, weit weg von meinen Eltern, in eine fremde Stadt, würde ich mein Leben frei leben können. Doch für mich stand außer Frage, ein zweites Mal nach Tunesien zu ziehen. Nicht noch einmal.

Wir diskutierten die uns verbleibende Nacht, fanden keinen Schlaf, liebten uns, gestanden und vergewisserten uns der tiefen Gefühle. Er war wie damals am Anfang unserer Liebe –

ein Mensch, voller Wärme und Güte. Er war in diesen Tagen nicht einmal eifersüchtig, fragte mich nichts aus meiner Vergangenheit. Wie frühstückten gemeinsam im Bett und wurden nicht müde, uns gegenseitig unserer Liebe zu versichern. Wir brauchten nur uns beide, nichts sonst interessierte uns. Von Tunis sah ich gar nichts und es war mir egal. Ich fuhr mit den Händen über Najims wunderschönen Körper. Seine Haut war seidenweich und makellos. Er roch so verführerisch gut und war ebenfalls ganz auf mich fixiert. Unsere Hände verschlangen sich ineinander. Und unsere Körper waren eins. Es ging mir gut neben ihm. Ich fühlte mich aufgehoben, hochgehoben, begehrenswert und geliebt. Wie hatte ich ihn vermisst, wie sehr wollte ich ihn.

Nie hätte ich geglaubt, dass es das in der Realität gab. Bis zu dem Moment, an dem ich Najim das erste Mal sah, belächelte ich die so oft zitierte Liebe auf den ersten Blick. Doch dann erlebte ich selbst diesen magischen Augenblick in der Discothek, als er verträumt vor mir stand. Sah ich ihm in die Augen, sah ich eine Welt, in der ich leben wollte. Er verstand mich ohne ein Wort. Er brachte mich zum Lächeln und vor lauter Romantik zum Weinen. Ich konnte mir immer noch kein Leben ohne ihn vorstellen. Allein mein Herz wusste, wie sehr ich ihn liebte. Worte reichten dafür nicht aus. Wir weinten gemeinsam um uns und unsere Liebe. Wir trösteten uns gegenseitig. Er erzählte mir, wie sehr mich seine Familie vermisse und wie unglaublich ich ihm in seinem Leben fehlte. Er versprach mir den Himmel auf Erden, wenn ich nur wieder Vertrauen zu ihm fasste. Nie wieder würde er mich enttäuschen. Seine Eifersucht wollte er im Zaum halten und mich glücklich machen.

Ich war auch nur ein Mensch. Ein von Liebe geblendeter Mensch. Schließlich gab ich ihm zu verstehen, dass es eine vage Hoffnung auf die Fortsetzung unserer Liebe geben könne.

„Würdest du zu mir nach Deutschland kommen?“, fragte ich ihn.

„Ich habe Angst“, gestand er mir. „Aber für dich würde ich es tun. Schatz, bitte, lass uns heiraten, ich kann nicht ohne dich leben.“

Ja, genauso fühlte ich auch. In diesem Moment hatte ich ihm das Vergangene bereits verziehen. Nie wieder wolle er mir etwas Schlimmes antun, nie mehr meine Liebe mit Füßen treten. Er kämpfte um mich. Er werde ein rechtschaffenes Leben mit mir führen, voller Zuneigung und Liebe. Wir würden uns ehren und achten und gemeinsam glücklich sein. Es bedeutete aber auch im Klartext, dass Opfer zu bringen waren. Ich musste mich endlich auf eigene Füße stellen, weit weg von meiner Familie.

„Habibi", begann ich zu planen, „könntest du dir vorstellen, in Frankfurt am Main zu leben? Jessica ist nach ihrer Ausbildung dorthin gezogen und arbeitet nun bei Lufthansa." Ängstlich abwartend sah ich ihn an.

„Ich würde überall auf der Welt mit dir leben", hauchte er mir ins Ohr. Er küsste meinen Nacken. Ein wenig mehr Zuversicht keimte in mir auf. War das nicht eine Idee? Einfach wegziehen und Najim zu mir herholen, ihn heiraten? Ich wusste, dass dieser vage Plan einzig mit einer Heirat zu realisieren war. Alles andere wäre zudem halbherzig und würde nicht funktionieren. Ich benötigte für die Zukunft eine große Portion Mut und Kraft. Hatte ich sie? Und genug davon? Ich war mir noch nicht ganz sicher.

Es kam, wie es kommen musste. Fünf Wochen später flog ich wieder nach Tunesien. Diesmal nach Bouhsina zu Najim und seiner Familie. Alle nahmen mich herzlich in die Arme und freuten sich. Schön, dass wir erneut zusammen waren. Für meine Eltern war ich mit Jessica im Spanienurlaub. Ich flog extra von Frankfurt am Main ab, damit mir niemand auf die Schliche kam.

Zuvor hatte ich in Erfurt eine Freundin gebeten, mir einige Unterlagen zu besorgen, darunter die Geburtsurkunde, das Ehefähigkeitszeugnis, die Meldebescheinigung, eine beglaubigte Passkopie, das Gesundheitszeugnis und noch einiges andere. Ich hatte ihr dafür extra eine Vollmacht ausgeschrieben, weil ich nicht aus dem Reisebüro weg konnte, das wäre aufgefallen. Aber meine Bekannte hatte ein großes Herz und besorgte sämtliche Papiere. Ich war ihr unendlich dankbar.

Najim brauchte noch viel mehr. Es war eine Unmenge an Bescheinigungen, die er in Bouhsina und Tunis zu besorgen hatte, was ihm nur mit Bessems Geld möglich war. Auch musste er einen Pass vorweisen und einen Beruf angeben. Er entschied sich für Schwimmlehrer. Was nicht gelogen war, denn er hatte vor langer Zeit einmal kurz als ein solcher am offiziellen Stadtstrand von Sousse gearbeitet. Es dauerte eine Weile, dann endlich waren alle Unterlagen beisammen. Manche mussten nun noch ins Französische übersetzt und beglaubigt werden. Aber Najim hatte dafür kein Geld. Deshalb wartete er auf mich, um dieses Problem anzugehen. Wir fuhren zu einem Übersetzungsbüro in Sousse.

So heiß der Tag war, so völlig geschafft traten wir in das stickige Büro der Übersetzungsagentur. Die Mitarbeiter hier waren sehr nett und behandelten uns wohlwollend. „In zwei Tagen können sie die Übersetzungen abholen", erklärte uns der zuständige Sachbearbeiter. Wir freuten uns und traten erleichtert ins Freie.

„Nun aber erst mal in ein Restaurant etwas trinken, Habibi“, sagte ich zu Najim. Wir fanden ein kleines Bistro und tranken durstig unsere Cola. Hoffentlich ging alles gut mit den Papieren. Wir wollten, sobald wir die Übersetzungen in der Hand hatten, nach Tunis fahren, um die Beglaubigungen zu holen, sodass wir zeitnah heiraten konnten. Man musste sehr aufpassen, dass man innerhalb einer kurzen Periode nach Erhalt aller Hochzeitspapiere und Stempel auch tatsächlich heiratete. Denn die Papiere verfielen schnell wieder und dann hätten wir von vorne anfangen müssen.

„Habibti“, sprach mich Najim an, „wenn wir sowieso in Sousse sind, lass uns in die Medina gehen, Hochzeitsringe aussuchen.“ Was für eine Idee! Also auf zur Medina und hin zu seinem Goldschmied. Er hatte ein ganz kleines Geschäft in den verwinkelten, stickigen Gassen der Altstadt. Und er kannte Najim und seine Familie. Sarama kaufte ab und zu bei ihm ein. Wir studierten die Auslage ausgiebig und überlegten, welche Art von Ring es werden sollte. Beide wünschten wir schlichte Goldringe mit Gravur. Alsbald diskutierten wir bei sengender Hitze in dem kleinen Laden mit dem Besitzer. Er wog Gold ab und nannte uns jedes Mal den Preis, stellte uns verschiedene Muster vor und ließ uns entscheiden. Ich erklärte Najim, dass die Ringe nicht mehr als zweihundert D-Mark kosten dürften. Ich atmete einmal tief durch. Es bedrückte mich unglaublich, dass ich erneut so viel Geld für unsere Liebe aufbringen musste. Ich hatte mir doch bei sämtlichen Freunden und Bekannten Geld geborgt und war mit der Rückzahlung im Verzug. Aber das hier musste sein. Als wir unsere Wahl getroffen hatten, ließen wir eingravieren: Sandra et Najim pour toujours – für immer! Wir konnten die Ringe einige Tage später abholen und verließen zufrieden das Geschäft.

Wenig später fuhren wir mit den Unterlagen in der Hand aufgeregt nach Tunis. Die Botschaft lag im Schatten der Arkaden in der Rue de Lac Windemere. Dort wollten wir alle nötigen Papiere legalisieren lassen.

Du liebe Güte, was für eine Menschenmenge vor der Botschaft stand! Da hieß es, sich auf eine mehrstündige Wartezeit einzustellen. Währenddessen beobachtete ich die Leute vor dem Gebäude genauer. Unzählige Paare warteten dort Hand in Hand. Ich musste schmunzeln. Vor mir stand ein junges Mädchen mit ihren Eltern. Sie versuchte, durch einen leichten Seidenschal die Spuren der letzten gemeinsamen Nacht mit ihrem tunesischen Freund an ihrem Hals zu verbergen. Überrascht stellte ich fest, dass sie Deutsche war. Ein wenig belauschte ich das Gespräch mit ihren Eltern. Sie gedachte, hier in Tunis eine Einladungsgenehmigung für ihren Freund nach Deutschland zu erwirken. Wie sehr ich dieses Mädchen beneidete. Da kamen die Eltern extra mit zur Botschaft, damit die Tochter ihre Liebe leben konnte. Wie anders war es doch bei mir. Ich seufzte traurig. Wie viele Menschen hier vor der Botschaft glaubten an die große Liebe. Wie viele gingen voller Hoffnung und Zuversicht in das Gebäude, das einer Art Heiligtum glich. Ich hoffte für alle Anwesenden, dass ihre Beziehungen gutgingen – und sah meinen Schatz von der Seite an. Wir würden es schaffen! Wir liebten uns so unendlich, wir brauchten einander und konnten nicht mehr ohne unsere starken Gefühle leben. Es musste einfach gutgehen!

Dann waren wie endlich an der Reihe, bekamen ohne Probleme unsere Legalisation. Damit stand einer baldigen Hochzeit nichts mehr im Wege. Wie glücklich waren wir. Najim nahm mich, als wir aus der Botschaft herauskamen, ganz fest in den Arm, hob mich hoch und wirbelte mich herum. „Ich liebe dich", lachte er. Mein Herz zersprang fast vor Freude.

Frankfurt am Main

Nach diesem erneuten Aufenthalt in Tunesien kündigte ich meinen Job im Reisebüro meiner Mutter und bewarb mich bei einem führenden Afrikaspezialisten in Frankfurt am Main. Und hatte Glück. Ich wurde genommen. Meiner neuen Chefin erzählte ich sofort, dass mein Freund Tunesier sei. Sie selbst hatte einen türkischstämmigen Ehemann. Deshalb sah sie in dieser Konstellation zweier Kulturen kein Problem und wünschte uns Glück. Das Gehalt stimmte und ich freute mich sehr auf diese neue Herausforderung.

Also suchte ich eine kleine bezahlbare Wohnung und fand sie nicht weit weg in Eschborn. Freundin Jessica war mir in dieser Zeit eine wertvolle Stütze, obwohl sie mich mehr als einmal vor Najim gewarnt hatte und unsere Ehe nicht gut hieß. Meine Eltern dagegen fühlten sich vor den Kopf gestoßen. Sie brachen den Kontakt zu mir ab. Damit hatte ich zwar insgeheim gerechnet, es tat aber trotzdem weh. Doch ich musste jetzt stark sein. Ich wollte mit

Najim leben. Bevor ich die neue Arbeitsstelle antrat, gönnte ich mir noch ein wenig Extrazeit und zog im Frühjahr 2003 nach Frankfurt um. Ein Bekannter fuhr meine nicht gerade üppigen Habseligkeiten mit einem Mietauto nach Eschborn. Einer inneren Eingebung folgend hatte ich Najim nichts von ihm erzählt.

Ich kaufte die nötigsten neuen Möbel und richtete die Wohnung liebevoll ein. Gemeinsame Bilder von Najim und mir ließ ich vergrößern und hing sie überall in der Wohnung auf.

Die neue Bleibe wurde richtig hübsch. Wer zur Tür hereinkam, betrat einen kleinen Flur. Rechts ging es zum Schlafzimmer, in Beige gehalten, mit großem Doppelbett, zwei Schränken und kleinen Nachtkommoden. Im Bad hatte ich kaum Gestaltungsspielraum. Es war recht klein und mit Badewanne, WC und Waschbecken schon komplett. Links vom Flur befand sich das Wohnzimmer. Es war der größte Raum und hatte einen schönen Balkon. Ich kaufte eine Couch, einen Tisch mit vier Stühlen, eine Schrankwand und den Fernseher. Im Wohnzimmer gab es auch eine kleine offene Küchenzeile. Doch sie bot fast keinen Platz zum ordentlichen Kochen. Ein großer Kühlschrank musste ja ebenfalls sein, er rundete das Ensemble ab.

Eschborn selbst ist eine idyllische Kleinstadt im südhessischen Main-Taunus-Kreis. Sie gehört zur Stadtregion Frankfurt und hatte zu dem Zeitpunkt gerade mal einundzwanzigtausend Einwohner. Die Nähe zu Frankfurt war fantastisch. Man fuhr nur circa zwanzig Minuten mit der S-Bahn und war mittendrin im Geschehen.

Obwohl Jessica ziemlich weit weg von mir wohnte, fanden wir Zeit, uns oft zu treffen und ausführlich zu unterhalten. Sie freute sich darüber, dass ich nun in Frankfurt war, und zeigte mir „ihre" Stadt, die sie innig liebte. Wir verbrachten wunderbare Nachmittage am Römer und beim Bummeln, sie zeigte mir ihren Arbeitsplatz am Frankfurter Flughafen und erklärte mir das S-Bahn-System. Manchmal gingen wir auch aus und hatten unseren Spaß. Ich fühlte mich frei und unabhängig. Und war aufgeregt, was denn Najim zu dieser Stadt sagen würde, wo das Leben pulsierte und die Menschen nett und vor allem aufgeschlossen

Ausländern gegenüber waren. Leben und leben lassen lautete die Devise. Oft hörte ich tunesisch-arabische Wortfetzen, wenn ich mit Jessica in der Innenstadt unterwegs war. Da wusste ich, hier konnte sich Najim wohlfühlen. Ich war überzeugt davon, dass es ihm gefallen und er sich schnell einleben würde.

Jessica hatte, seit sie von Erfurt weggezogen war, einen großen Freundeskreis aufgebaut, den ich nun ebenfalls kennenlernte. Fast keine der aufgeschlossenen Frauen besaß einen deutschen Freund oder Mann. Frankfurt war multikulturell. Und das gefiel mir. Viele arbeiteten am Flughafen, waren Stewardessen oder gehörten zum Bodenpersonal.

Eine von ihnen lud zum Kaffee und Jessica nahm mich einfach mit. Die Gastgeberin hatte einen tunesischen Ehemann und lebte bereits viele Jahre mit ihm glücklich zusammen. Sie hatten zusammen einen kleinen Sohn, von dem ich nicht lassen konnte, weil er so niedlich war. So stellte ich mir meine Kinder mit Najim vor: schwarze Locken und große, fragende, braune Augen. Es ging also. Ich beneidete die junge Mutter.

Oft ging ich abends alleine in Eschborn spazieren und erkundete die Umgebung. Ich sprach in Gedanken mit meinem Schatz, erklärte ihm dieses und jenes und freute mich unsagbar auf seine Ankunft in Deutschland. Aber wenn ich abends allein in der Wohnung saß, fühlte ich mich auch einsam. Mir war ja noch vieles fremd, doch ich lebte mich jeden Tag mehr und mehr ein. Najim schrieb mir wunderbare Briefe und auch die vielen Telefonate trugen dazu bei, dass ich mich mehr und mehr als seine Frau fühlte. Er war sehr lieb zu mir und überschüttete mich mit Liebesschwüren und Zukunftsplänen. Ich sehnte den Tag unserer Hochzeit herbei.

Das neue Leben, die neuen Möbel, die Hochzeitspapiere und mein Haushalt verschlangen meine Geldmittel in atemberaubender Geschwindigkeit. Ich hatte ein Konto bei der Volksbank in Eschborn eröffnet und wachte akribisch über meine Finanzen. Mir war klar, dass ich Najim mit ernähren musste, solange er noch keine Arbeit in Deutschland hatte. Manchmal kamen mir Zweifel, ob ich das Ganze mit nur einem Gehalt hin bekäme, aber dann wieder schob ich alle Bedenken beiseite, denn ich war nach wie vor sehr verliebt. So fieberte ich dem Tag entgegen, an dem ich erneut nach Tunesien fliegen würde, um Najims Frau zu werden. Die Zeit kroch gefühlt dahin und schien mir endlos. Unterdessen kaufte ich mir einen arabischen Sprachkurs und versuchte, die Sprache zu erlernen. Najim schickte ich deutsche Sprachkurse auf Kassetten, damit er ebenfalls anfing, sich sprachlich weiterzuentwickeln. Ich las zahlreiche Bücher über binationale Ehen und bereitete mich so gut wie möglich auf meinen neuen Lebensabschnitt vor. Am liebsten mochte ich Bücher, die über europäisch-afrikanische Beziehungen berichteten. Leider musste ich feststellen, dass gerade diese allzu oft scheiterten. Bei Najim und mir würde das anders sein, da war ich mir sicher. Wir würden zusammen alt werden, unsere Kinder würden wir groß werden sehen und ein- oder zweimal im Jahr nach Tunesien fliegen, um Opa Bessem und Oma Sarama zu besuchen und große Ferien zu machen. Wenn Najim genug Geld verdiente, konnten wir auch gut und gerne jeden Monat etwas davon in seine Heimat schicken. Sarama und Bessem hatten das mehr als verdient. Sie waren mir stets sehr zugetan und hatten mich behandelt wie ihre eigene Tochter. Auch Neyla, Ranim und sogar der kleine Malik ließen mich an ihrem Familienleben teilhaben. Selbst wenn es Probleme innerhalb der Familie oder mit Nachbarn gab, wurde ich stets mit einbezogen und um Rat gefragt. Ich fühlte mich den Ouertanis sehr verbunden! Sie waren meine Familie geworden!

Hochzeit

Im April 2003 heirateten wir in Sousse vor dem Standesamt in Mlouka Mediouni Khadija. Mein geliebter Bruder Henrik kam extra aus München, ebenso einige meiner Freunde. Wir hatten wenig Geld und organisierten eine Feier im ganz kleinen Kreis bei Najims Familie in der Rue Fakir.

Während meine Bekannten und Jessica im Riadh Palms Resort Hotelzimmer gebucht hatten, schlief ich im Hause Ouertani. Wie sehr mich Najim im Vorfeld der Reise geschafft hatte, ist kaum zu beschreiben. Denn er wollte unbedingt einen klassischen schwarzen Anzug haben. Es war unheimlich schwer, ohne Maß nehmen zu können, einen solchen in Deutschland zu finden. Doch es gelang mir. Trotzdem blieb es ein Wagnis. Ob er passte? Wie angegossen! Als Najim anprobierte, sah er umwerfend aus! Ich konnte mich gar nicht sattsehen.

Doch es gab noch einigen Trubel, denn ein Discjockey musste engagiert und bezahlt werden, was Najims Aufgabe war. Das Wohnzimmer der Ouertanis wurde ausgeräumt, um Platz für das Equipment und zum Tanzen zu haben. Najim fuhr durch ganz Sousse und suchte nach einem passenden Mann. Wer konnte uns mit Musik am Hochzeitsabend verwöhnen? Ich wünschte mir sowohl romantische Liebeslieder als auch arabische Popmusik.

Doch alle DJs waren entweder zu teuer oder ausgebucht. Als wir schon die Hoffnung aufgeben wollten, fand sich endlich jemand, der das übernehmen wollte. Einerseits waren wir froh, andererseits hatten wir bis zuletzt Angst, ob alles klappen würde.

Wir platzierten Plastikstühle im Wohnzimmer zu beiden Seiten für die Gäste und zwei große mit Samt bezogene Stühle für uns, das Brautpaar, in der Ecke. Sarama dekorierte sie liebevoll. Sie kochte ihren traditionellen Couscous als Hochzeitsmahl und stellte neben den großen Tisch noch zahlreiche Stühle in die Küche. Dort spielte sich das spätere Essen ab. Endlich waren die Vorbereitungen getroffen.

Nun zogen sich alle zurück, um sich fertig zu machen und feierlich anzuziehen. Ich begab mich ins Hotel zu Jessica, um mich mit ihrer Hilfe zu frisieren und aufzuhübschen. Die Familie würde mich vom Hotel abholen. Mein Hochzeitskleid, das ich aus Deutschland mitgebracht hatte, hing bei Jessica am Schrank. Es war weiß und bodenlang. Es hatte kleine feine Ärmel und war verbunden mit seidener Spitze. Es war ein Traum. Ich hatte es für wenig Geld bei einem deutschen Hochzeitausstatter gemietet. Im Haar wollte ich nur einen schlichten Blumenschmuck tragen, keinen Schleier.

Ich wollte nicht tunesisch-traditionell, sondern schlicht und anmutig heiraten, obwohl ich wusste, dass sich tunesische Frauen für eine Hochzeit sehr stark und unnatürlich schminkten und orientalisch overdressed daherkommen. Zudem legten sie besonderes Augenmerk auf üppigen Goldschmuck. Nun, mein Schmuck bestand nicht aus Gold, es war Modeschmuck, aber goldfarben war er auch.

Ich war unheimlich aufgeregt und saß bei Jessica im Zimmer. Sie schminkte mich. Immer wieder hatte ich eine Kleinigkeit auszusetzen. Hier sollte das Rouge noch etwas dezenter sein, da war der Kajal nicht gleichmäßig genug. Ich wollte für Najim die Schönste sein und betörend aussehen. Her mit dem Spiegel! Oh ja, mit meinen Haaren war Jessica ein Meisterwerk gelungen. Sie hatte die wilden Locken zu einer Banane frisiert und den Blütenschmuck kunstvoll nur an eine Seite gesteckt. Das gefiel mir. Ich gefiel mir. Aufgeregt tanzte ich im Zimmer herum. Dann erst wurde es richtig feierlich. Ich zog mein Hochzeitskleid an. Stellte mich zum Schluss nochmals vor den Spiegel. War das ich? Diese wunderschöne Braut, die von Herzen liebte und geliebt wurde. Schon war es Zeit, aufzubrechen. Rein in das Auto, das uns abholte. Jeder dort freute sich mit uns. Bessem küsste und umarmte mich, Sarama weinte vor Rührung. Und ich hatte Mühe, nicht mit ihr zu weinen und damit mein Make-up zu ruinieren.

Ich sah meinen Mann an. Sah, wie ehrfurchtsvoll er vor mir stand und um meine Hand bat. Fand, er war der Attraktivste von uns allen. Wir waren ein schönes Brautpaar. Najim wurde nicht müde, mir zu sagen, wie wunderschön ich sei und dass er mich über alles liebe. Er hatte in seiner Aufregung den Hochzeitsstrauß für mich vergessen. Nun schickte er Husseim schnell los, einen zu besorgen. Die beiden hatten wieder zur alten Freundschaft zurückgefunden und ich freute mich, Husseim bei der Trauung dabei zu wissen. Die Anwesenden stellten sich um das Haus herum auf und die Frauen begannen, melodisch zu trällern. Zu dem Zweck legten sie eine Hand vor den Mund und stießen Freudenrufe aus. Mein Schatz nahm mich zärtlich an der Hand und gemeinsam stiegen wir in das extra für uns geschmückte Auto. Auf zum Standesamt!

Zusammen mit weiteren Autos fuhren wir in Kolonne. Es ging mit lautem Hupen durch die Straßen von Sousse! Endlich angekommen versammelten wir uns vor dem Eingang des Standesamtes. Jessica, die das Ganze aufgeregt filmte und fotografierte, wurde nicht müde, uns in Position zu rücken. Es sollten wunderbare Bilder werden.

Wir stiegen die Treppen von Mlouka Mediouni Khadija hinauf. Im Trauungssaal nahmen Najim und ich in vorderster Reihe Platz. Neben mir saß mein Bruder. Neben Najim sein Vater. Sie beide waren die Trauzeugen. Ich war über alle Maßen aufgeregt und glücklich. Najim und ich himmelten uns an. Dann ging es los. Wir erhoben uns. Der Standesbeamte sprach lange und ausführlich. Danach wurde gebetet. Nun gingen Najim und ich zum Podium vor, um die Hochzeitspapiere zu unterschreiben. Henrik und Bessem taten es ebenfalls. Damit war die Trauung vollzogen.

Wir küssten uns, ich war selig. Bessem zog uns sanft zur Seite und hieß uns links am Fenster für Fotos zu posieren. Jeder Gast kam nun einzeln zu uns, um zu gratulieren. „Mabrouk – herzlichen Glückwunsch“, hieß es ständig und wir schüttelten gefühlt fünfhundert Hände.

Wir waren Mann und Frau, endlich war ich seine Harussa. Ich konnte es noch nicht glauben. Später, zu Hause in Bouhsina, tanzten wir ausgelassen durch das Wohnzimmer und ich probierte den arabischen Hüftschwung. Wie schön die Tunesier doch tanzen konnten. Alle waren ausgelassen und fröhlich. Najim und ich tanzten eng umschlungen und waren rundum glücklich. Mein Bruder ließ sich bereitwillig von den Frauen verwöhnen, die ihm Getränke brachten und ihm jeden Wunsch von den Augen ablasen. Er selbst tanzte nicht. Ihm war wohl die arabische Art des Tanzens noch zu fremd. Doch es war ein ausgelassener Abend, der bis zum Morgengrauen dauerte. Erschöpft und glücklich ging es zu Bett.

Diese Hochzeitsnacht in Bessems Haus war das Romantischste, was ich je erlebt habe. Najim gab sich die allergrößte Mühe, mich zu verwöhnen. Auf unserem Bett lagen gestreute Reiskörner, eine Tradition, die unserer Ehe Glück bringen sollte. Najim schenkte mir eine goldene Halskette zur Hochzeit und küsste mich den ganzen Abend über immer und immer wieder.

Wir versprachen feierlich, uns zu lieben und zu ehren, bis dass der Tod uns scheide. Ich war der glücklichste Mensch auf Erden! Es wurde noch eine wunderschöne Woche in Tunesien. Wir flanierten in Port el Kantaoui am Jachthafen entlang, Najim schenkte mir kleine Jasmin-Sträußchen. Solche, die man für einen Dinar von den Händlern kaufen konnte. Er steckte sie mir liebevoll ins Haar. Wir aßen gemeinsam in Restaurants und genossen das Verliebtsein.

Meine Freunde blieben ebenfalls noch eine ganze Woche lang. Wir trafen uns täglich. Oft und gern ging ich mit Jessica zu den Ouertanis, dort tanzten wir ausgelassen durch die Wohnung, aßen die schönsten Köstlichkeiten Saramas und genossen das Beisammensein. Sarama borgte sich vom Shop an der Straßenecke ein traditionelles Brautkleid für mich, welches ich ihr zuliebe einmal probieren sollte. Es stand mir ausgezeichnet. Sie umarmte mich oft und betete für uns. Mit Najim fuhr ich abends stets ans Meer. Wir gingen spazieren und schauten zusammen zum Mond hinauf. An einem der folgenden Tage fuhren wir bis nach Hammamet, einer Stadt im Norden Tunesiens. Den Kern von Hammamet bildete die historische Medina der Altstadt. Dort fanden wir überdachte Marktgassen der Souks, die wir Hand in Hand durchstreiften und Souvenirs kauften. In der Medina gab es ein Restaurant mit einer Dachterrasse. Dorthin zog mich Najim. „Schatz, möchtest du einen Mocca?“ Ich bejahte. Er gab mir einen Kuss und bestellte. Najim war stolz auf mich und zeigte das auch jedem. Ich umschwärmte ihn ebenso und konnte nicht aufhören, zu strahlen. Ich fühlte mich königlich.

Mein Mann lächelte mich an und dann machte mir die schönste Liebeserklärung, die ich je gehört habe.

„Habibti, du kannst dir nicht vorstellen, wie glücklich ich bin, mein Leben mit der schönsten Frau, die ich je kennengelernt habe, zu teilen. Du faszinierst und inspirierst mich, du änderst mich zum Besseren. Bereits bei unserer ersten Begegnung habe ich gespürt, dass wir eine ganz besondere Verbindung zueinander haben. Ich war so lange auf der Suche nach dir. Ich habe dieses Gefühl ganz deutlich wahrgenommen, als ich dich das erste Mal sah. Seit diesem einzigartigen Augenblick habe ich ständig dein Bild vor Augen und mein Herz beginnt heftig zu schlagen. Dieses innige Gefühl der Zuneigung ist so wundervoll. Das Verlangen, mit dir gemeinsam unvergessliche Stunden zu verbringen, ist überwältigend. Ebenso in dein schönes Gesicht sehen zu können und dein wundervolles Lächeln zu erleben. Deine zauberhaften Augen zeigen mir, wie sehr du mich liebst. Ich liebe Dich auch und wünsche mir, dass wir für immer zusammen sind."

Ich umarmte ihn und sagte: „Ich liebe dich über alles, Nhebek barcha, Schatz, vergiss das nie."

„Yalla Habibti", antwortete er mir. „Wir müssen nun gehen." Die Fahrt nach Hause dauerte eine Weile und Sarama wartete schon mit dem Essen auf uns.

Aber auch die schönste Woche hat irgendwann ein Ende und mein Rückflug nach Deutschland stand bevor.

„Inshallah – so Gott will werde ich bald bei dir in Deutschland sein", verabschiedete sich Najim von mir. Der Abschiedsschmerz war furchtbar.

Nach meiner Rückkehr kämpfte ich mich durch die Bürokratie. Dokument um Dokument musste ich besorgen, ausfüllen, übersetzen und beglaubigen lassen. Najim tat das

Gleiche. Wie oft er insgesamt in Tunis bei der Botschaft vorgesprochen hatte, konnten wir schon nicht mehr zählen. Uns beide plagte die Angst, dass sein Jahr im Gefängnis doch noch negative Auswirkungen haben könnte. Aber es ging alles gut. Nach drei Monaten hatte er sein Visum und das Flugticket für Deutschland in der Tasche.

Wir waren überglücklich und telefonierten oft. Ich erzählte Najim viel von Frankfurt. Auch von der schönen Umgebung, in der unsere kleine Wohnung lag. Ich entdeckte nach und nach in Frankfurt immer mehr arabische Geschäfte und verschiedene Moscheen, die ich Najim alle zeigen wollte. Ich könnte also in Frankfurt gut für ihn kochen und er könnte auch beten gehen, wenn er es denn wollte. Sogar ein arabisches Hammam (Badehaus) entdeckte ich. Najim liebte sein Dampfbad, um sich zu reinigen. Mit seinen Eltern sprach ich natürlich auch über all das. Sie waren glücklich, dass ich uns ein schönes Heim geschaffen hatte und nur auf Najim wartete. Sarama packte ihm seine Sachen.

Talfahrten

Endlich war der Tag gekommen. An diesem sonnigen, warmen Morgen würde Najim kommen. Ich war so aufgeregt. Unsere kleine Wohnung hatte ich herausgeputzt und konnte die Zeit nicht mehr abwarten. Endlich! Jessica hatte mich abgeholt und wir waren zum Flughafen gefahren. Nun warteten wir im Ankunftsbereich. Und dann erschien Najim mit strahlendem Lächeln auf der Rolltreppe. „Jetzt wird alles gut", rief ich und flog in seine Arme.

Es ging zuerst zu Jessica und ihrem Freund Nikolas. Es war ein herzliches Willkommen. Wir aßen gemeinsam zu Mittag. Ich hielt die Hand meines Mannes, der die meine immer wieder küsste. Und ich konnte nicht aufhören zu lächeln. Es war für mich eine unglaubliche Erleichterung, ihn hier bei mir zu wissen. Endlich konnten wir uns eine Zukunft aufbauen.

Als wir dann das erste Mal unsere gemeinsame Wohnung betraten, war ich sehr auf Najims Reaktion gespannt und sehr erleichtert, als er mich für meinen guten Geschmack lobte. Er fühlte sich sogleich zu Hause. Doch er hatte wohl so etwas wie einen Kulturschock. Denn draußen war ihm alles sehr suspekt. Die Häuser und Straßen sahen so völlig anders aus als in Tunesien, schilderte er mir lachend seinen Eindruck.

„Ja, Schatz, ich weiß“, sagte ich. „Aber von heute an wirst du hier zu Hause sein.“ Die ersten Tage blieb Najim daheim, während ich arbeitete. Am Abend unternahmen wir kleine Spaziergänge und Fahrten mit der S-Bahn, denn ich wollte ihm die Umgebung nahe bringen. Er war ein sehr aufmerksamer Beobachter, hatte sich schnell eingefunden und verstand im Nu, wie man mit der S-Bahn von Eschborn in die Frankfurter City kam. Ich erlebte ihn wieder einmal als lebenshungrigen Menschen, dem es schwerfiel, zu Hause zu bleiben. So kam der Tag, an dem er mich morgens bat, ihm fünf Euro zu geben.

„Was willst du mit dem Geld?“, fragte ich.

„Dich heute auf der Arbeit besuchen“, antwortete er.

Ich verneinte vehement. „Das geht nicht. Najim, ich muss arbeiten, und wenn meine Chefin das sieht, gibt es Ärger. Das ist ausgeschlossen. Außerdem magst du doch nicht alleine in Frankfurt herumfahren?“ Ich war sichtlich erschrocken, machte mir gleich Sorgen um ihn.

„Hast du etwas zu verheimlichen?“, fragte er mich auf einmal. „Erzähle mir bitte, mit wem du arbeitest! Wer sind deine Kollegen? Warum darf ich dich nicht besuchen?“ Ich erklärte ihm, dass ich neu im Job wäre und es mir nicht leisten könne, aufzufallen, indem ich private Aktivitäten während der Arbeitszeit zuließe. Er schien das zu akzeptieren, aber in seinen Augen konnte ich es deutlich erkennen: Sein Misstrauen war geweckt.

Etwas aufgewühlt ging ich zur Arbeit. Er braucht unbedingt einen Job, dachte ich bei mir. Leider haperte es noch an der Arbeitserlaubnis, aber die würde ich schon bald für ihn besorgt haben. Ich war zuversichtlich. Auch, weil mir Najim stets beteuerte, dass er hier in Deutschland gerne arbeiten würde.

Als ich abends nach Hause kam, war mein Mann nicht da. Erst Stunden später trat er erschöpft zur Tür herein.

„Wo warst du?“, fragte ich ihn vorwurfsvoll.

„Ich habe dich beobachtet, du hast mich nicht sehen können“, informierte er mich. „Ich war bei deiner Arbeit. Sag mal, wer ist eigentlich der Mann, den ich da durch das Fenster sehen konnte?“

Ich zog scharf die Luft ein. „Das ist Jens, mein Arbeitskollege“, antwortete ich wahrheitsgemäß. „Bitte, fang nicht schon wieder an, Najim“, bat ich ihn. „Du hast es mir hoch und heilig versprochen.“ Aber er gab nicht auf. Den ganzen Abend fragte er mich über Jens aus und ließ mich nicht zur Ruhe kommen. „Najim, dieser Mann ist an die fünfzig Jahre alt“, schrie ich ihn irgendwann verzweifelt an. „Was soll ich denn mit dem? Ich liebe nur dich, versteh das doch.“

„Morgen gehst du da nicht mehr hin“, entschied er.

„Was?“ Nun zweifelte ich ernsthaft an seinem Verstand. „Und wovon sollen wir leben?“ Wir stritten uns die ganze Nacht. Ich ermahnte ihn, sich zu beherrschen und nicht wieder seiner Eifersucht zu erliegen wie in den drei Monaten in Tunesien. Gegen Morgen hatte ich ihn endlich so weit.

„Ich verspreche dir, dass ich ab sofort damit aufhören werde“, sicherte er mir zu. Nun war er wieder sehr zärtlich zu mir. Er machte mir Frühstück, säuberte die Wohnung, legte meine Lieblingsmusik ein und ging mit mir abends in ein Restaurant. Bei Kerzenschein hörte ich ihn immer wieder leise sagen: „Nhebek barcha – ich liebe dich sehr.“

Am nächsten Tag verschwand er aus der Wohnung, kam erst abends heim und erzählte freudestrahlend, dass er den Tag auf der Konstablerwache verbracht hätte. Ich war überrascht, wie er überhaupt dort hingefunden hatte. Die Konstablerwache lag nicht nur an einer Einkaufsmeile in Frankfurt, sondern war auch ein berüchtigter Drogenumschlagplatz.

„Ich habe viele Tunesier kennengelernt“, erzählte er zufrieden. „Du kannst dir nicht vorstellen, wie viele es dort gibt.“ Er wirkte aufgedreht. „Mir wurde auch sofort was angeboten. Es ist schon Wahnsinn, dass das hier in Deutschland so einfach geht.“

Ich horchte auf. „Najim, bitte Habibi“, versuchte ich es sanft aber eindringlich. „Pass auf dich auf und nimm nicht wieder Drogen!“

Er nahm mich zärtlich in die Arme und versprach es. „Mein Liebling, ich werde mit dir ein schönes Leben führen, hab keine Angst um mich, ich bin nur ein wenig mit meinen neuen Freunden zusammen. Ich habe doch hier niemanden. Der Tag heute hat mir richtig gut gefallen.“

Es kam, wie es kommen musste. Von nun an war mein Mann tagsüber in Frankfurt unterwegs, während ich arbeiten ging. Ich wusste nie genau, was er machte. Er verlangte jeden Morgen Geld von mir. Ich gab es ihm und kaufte ihm auch eine Monatsfahrkarte für die Bahn. Prinzipiell wollte ich nicht, dass er draußen herumlief, kannte aber zugleich seinen Freiheitsdrang. Eines Tages nahm er mich mit zu Ali, einem seiner Freunde.

„Es wird dir dort gefallen, Schatz“, versuchte er mich zu überzeugen. „Er hat auch eine deutsche Frau. Sie wohnen im Bahnhofsviertel.“ Die Neugierde erfasste mich. Eine deutsche Frau! Darüber wollte ich mehr wissen. Vielleicht konnte sie mir ihre Geschichte erzählen.

Also gingen wir zu Ali und Samantha. Wir betraten eine völlig verwahrloste Wohnung. Hilfe! Überall Dreck und Schmutz. Der Flur mündete in eine Wohnstube, in der das pure Chaos herrschte. Die Couch war fleckig, die Möbel ruiniert und mittendrin zwei Menschen und ihr Baby. Ich war entsetzt, konnte nicht verstehen, wie Najim sich in diesem Milieu wohlfühlen konnte.

„Herzlich willkommen bei uns“, empfing mich Ali freundlich. Er arbeitete nachts bei der Bahn und säuberte die Züge. Seine Frau war noch im Mutterschutz. Im Laufe des Abends erzählte sie mir ihre Geschichte. Auch sie hatte Ali in Tunesien kennengelernt und nach Deutschland geholt. Ich stellte für mich fest, dass aber sowohl sie als auch ihr Mann aus einem anderen Holz geschnitzt waren als Najim und ich.

Trotzdem versuchte ich, mir das alles schönzureden und mich wohlzufühlen. War es nicht prima, dass Najim so schnell Freunde gefunden hatte? Doch Wohlfühlen ging nicht. Ich war zu entsetzt über die Zustände in der kargen Behausung. Wie schön dagegen waren unser Viertel und unsere kleine Wohnung.

Es floss reichlich Bier. Dann rauchten Najim und Ali einen Joint.

„Ali dealt", erklärte mir Najim lachend, den meine unglückliche Miene zu amüsieren schien. „Er hat eine Menge Geld damit gemacht." Er warf Ali einen anerkennenden Blick zu.

Mir war übel. Wo sollte das hinführen? Ich wollte mit Najim ein bürgerliches Leben führen. Ich wollte Kinder – Jasmin und Nessim – wir hatten schon so oft darüber gesprochen. Wir hatten uns so viel vorgestellt, vorgeträumt. Ausgeträumt? Ich wollte, dass er arbeiten ging. Wollte, dass wir ein gutes Leben haben. Sein

Hang zu Drogen beunruhigte mich. Hatte er nicht gerade erst ein Jahr eingesessen? War das noch nicht genug?

Ich wollte gehen und ließ es Najim wissen. Er kam auch mit. Ich versuchte, ihm ins Gewissen zu reden. Ohne Erfolg. Tag für Tag war er weiterhin auf Frankfurts Straßen unterwegs. Ich war froh, als die drei Monate um waren, die es auf eine Arbeitserlaubnis zu warten galt. Stolz präsentierte ich ihm dann das ersehnte Papier.

„Najim, endlich kannst du arbeiten." Ich erhoffte mir Stabilität und vor allem Geld. Seine täglichen Ausflüge kosteten mich eine Menge. Sicher hätte ich es ihm verwehren können, aber er hatte eine Art an sich, mich um Geld zu bitten, der ich einfach nicht widerstehen konnte.

„Habibti, Liebes, ich brauche doch etwas zu essen heute", begann er immer wieder und machte dabei so ein mitleiderregendes Ich-bin-ein-hungriges-Waisenkind-Gesicht. Ich gab ihm das Geld. Er nahm mich in den Arm und liebkoste mich. „Nhebek barcha - ich liebe dich so sehr“, flüsterte er und verschwand.

Langsam schlichen sich in Najims Verhalten wieder alte Unarten ein. Meine Ansichten wurden immer weniger wichtig. Es gestaltete sich zusehends schwieriger, mich mal allein mit den eigenen Freunden zu treffen. Jessica wollte mich an meinem freien Tag in ein Restaurant einladen. Ich war glücklich, mich mit ihr aussprechen zu können, brauchte Rat und Hilfe in Bezug auf Najim.

„Warum willst du mit Jessica ausgehen?“, fragte er mich. „Warum kann ich nicht mitkommen? Und in welches Restaurant geht ihr?“, wollte er wissen. Schlussendlich konnte ich ihn davon überzeugen, dass wir westlichen Mädels auch mal freie Zeit brauchen und unter uns sein wollen.

Ich genoss die Zeit mit meiner Freundin, schüttete ihr mein Herz aus und sie gab mir diesen und jenen Rat. Längst begegnete Jessica Najim und meiner Ehe mit Vorbehalt, sie hinterfragte immer wieder und wurde immer pessimistischer, was unsere Zukunft anging.

Und das hatte sie Najim bei passender Gelegenheit auch offen ins Gesicht gesagt. Mitten in unserem jetzigen Gespräch stockte sie plötzlich und starrte nach draußen.

„Ist das dort auf der anderen Straßenseite nicht Najim?“, fragte sie mich. Wir hatten etwa eine Stunde im Restaurant verbracht und waren gerade mit dem Essen fertig. Was? Wahrhaftig, er war es. Ich war schockiert. Wie war er hierhergekommen? Und woher konnte er wissen, wo ich war? Er musste mich verfolgt haben. Es gab keine andere Erklärung.

Dies war mitnichten ein einmaliges Ereignis. Wie ein Schatten war er ab sofort ständig da, wo auch ich war. Wenn ich ihn entdeckte, diskutierten wir manchmal sogar auf offener Straße. Ich appellierte an seine Vernunft, mich den kleinen privaten Teil meines Lebens führen zu lassen und mir nicht hinterher zu spionieren. Ich nahm ihm wieder und wieder das Versprechen ab, mir zu vertrauen und mich nicht zu beschatten. Er habe doch längst gesehen, dass ich nichts Verwerfliches machen würde, denn schließlich habe er mich ja lange genug beobachtet, ohne dass ich davon gewusst hätte. Diese Logik, so hoffte ich, könne er nachvollziehen. Aber es schien alles nichts zu nützen. Wenn ich nicht kurz nach Arbeitsschluss zu Hause war, weil ich noch einkaufen ging, konnte ich stets sicher sein, dass er hinter mir her war. Nur während meiner realen Arbeitszeit kümmerte er sich um seine Sachen und war im Bahnhofsviertel unterwegs. Was genau er dort anstellte, entzog sich meiner Kenntnis. Natürlich hatte ich Angst, dass er wieder in das Drogenmilieu abrutschte, kannte ich doch seinen Hang zum Rauschgift. Befragte ich ihn dazu, wich er stets aus.

An meinen freien Tagen unternahmen wir zusammen Ausflüge in den Taunus, fuhren mit dem Bus in die Berge. Ich machte uns frische Brote, mit Salat und passenden Aufstrich, was er sehr lobte. Ich hielt mich stets daran, ihm kein Schweinefleisch vorzusetzen. Was seinen Glauben anging, war er aber eher locker. Er rauchte, trank gern ein Bier und bete nie. Von mir verlangte er es aber auch nicht. Manchmal lagen wir bei unseren Ausflügen irgendwo im Gras auf einer großen Decke und sahen hinauf in die Baumkronen. In diesen Stunden war er einfach wunderbar. Ich hatte ihn ganz für mich allein und konnte gut auf ihn einwirken. Er tat stets verständnisvoll und genoss unsere Zweisamkeit. Solche Ausflüge liebte ich und war glücklich.

„Hör mal, Schatz", begann ich bei einer dieser Touren. „Ich habe eine Idee. Lass uns doch einmal einen Tagesausflug nach Amsterdam machen. Da wollte ich schon immer mal hin. Sie haben dort ein weitverzweigtes Grachtensystem, schmale Häuser und Giebelfassaden. Es ist sehr romantisch, es wird dir gefallen." Najim unternahm gerne Dinge mit mir und war einverstanden. Also buchte ich wenige Wochen später einen Tagesausflug. Der Bus startete von Frankfurt aus. Ich wusste meine begehrten Sandwiches in der Tasche und freute mich auf die Fahrt. In Amsterdam gab es einige Stunden Freizeit. Wir schlenderten Hand in Hand durch den Stadtkern. Ich fand es schön. Najim entdeckte natürlich sofort eines der „Rauchercafes", die mit Bildern von gedrehten Joints an ihren Schaufenstern warben. Er zog mich sofort hinein. Ihm gingen die Augen über. Am Tresen konnte man sich tatsächlich verschiedene Haschsorten aussuchen, die dann für einen gedreht und mit Kaffee am Platz serviert wurden. Er konnte nicht fassen, dass hier etwas legal war, für das er in Tunesien ein Jahr eingesperrt worden war. Er bestellte und rauchte glücklich seinen Joint. Seitdem schwärmte er von Amsterdam. Er wolle unbedingt irgendwann noch einmal dorthin. Die romantische Gegend schien ihn wenig zu interessieren. Wenn er nur sein heißgeliebtes Hasch hatte.

Es war Winter geworden. Jessica gestand mir, dass ihre Beziehung mit Nikolas am Ende war. Beide hatten sich auseinandergelebt. Sie organisierte für sich eine neue Wohnung, Nikolas tat das Gleiche. Selbstverständlich würde ich ihr beim Umzug helfen. Najim war nur widerwillig damit einverstanden. Er hatte zu Jessica kein gutes Verhältnis mehr, da sie mittlerweile kein Blatt vor den Mund nahm und ihm offen sagte, was sie von seinem Verhalten hielt. Sie akzeptierte ihn nur noch um meinetwillen.

Ich weiß nicht, wie oft sie mir während dieser Zeit sagte, ich solle einmal selbstkritisch in den Spiegel blicken und mir anschauen, wie ich aussähe. Es dauerte eine Weile, bis ich mir selbst eingestand, dass sie recht hatte. Ich hatte mich sehr verändert. Die Eifersucht meines Mannes und die ständigen Streitereien hinterließen ihre Spuren. Ich war blass geworden, hatte abgenommen und meine Gesichtszüge wirkten immer mehr verhärmt. Nur Najim schien das nicht zu merken. Oder es war ihm egal. Jessica sorgte sich sehr und versuchte, mich aus meiner Lethargie zu holen, die immer mehr von mir Besitz ergriffen hatte. Ich war zu jener Zeit fast apathisch und kaum noch fähig, mich gegen Najim zu wehren. Kraftlos ließ ich geschehen, dass er mich mit seiner Eifersucht mental herunterzog. Ich versuchte auch längst nicht mehr, von ihm loszukommen. Diese Willensstärke besaß ich einfach nicht, weil ich ihn trotz allem noch immer liebte.

An Jessicas Umzugstag halfen Najim und ich gemeinsam. Ein Kleintransporter rollte vor, der die Möbel mitnehmen sollte. Nikolas und

Jessica, die Freunde geblieben waren, bewunderte ich in ihrer Art, miteinander umzugehen. Sie verstanden sich zwar nicht mehr als Paar, wohl aber als Menschen.

Nun sollte auch Najim mit anpacken. Es waren schwere Möbel, die er und Nikolas gemeinsam tragen mussten. Wir Frauen schleppten die Kartons. Najim stöhnte und beklagte sich die ganze Zeit, obwohl er größer und kräftiger war als Nikolas. Irgendwann riss mir der Geduldsfaden.

„Nun stell dich mal nicht so an“, sagte ich, weil mir die Szenerie mehr als peinlich war. „Du bist doch stark“. Wir arbeiteten den ganzen Tag, waren abends völlig erledigt. Am nächsten Tag ging ich natürlich wieder arbeiten, während Najim im Bett lag und seinen Muskelkater auskurierte.

Auf meiner Arbeitsstelle hatte ich mich mittlerweile gut eingelebt. Der Job machte mir Spaß und die Kollegen waren nett. Einmal kam eine junge Frau ins Reisebüro, steuerte direkt auf mich zu und duzte mich sofort.

„Hallo, ich wollte bei dir einen Flug nach Tunesien buchen, um meinen Schatz zu besuchen“, informierte sie mich. So lernte ich Melissa kennen. Wir waren etwa im gleichen Alter und sie war mir von Anfang an sympathisch. Ich vergaß meine Förmlichkeit und fragte sie, ob sie rauche. Sie bejahte. Also lotste ich sie nach hinten in unseren Pausen- und Raucherraum, da ich an diesem Tag allein im Büro war. Während ich ihr eine Zigarette anbot, bat ich sie, mir ihre Geschichte zu erzählen. Sie hatte ihren Freund in einem Hotel in Tunesien kennengelernt, in dem er als Animateur arbeitete. Auch sie verliebten sich ineinander und Melissa wollte ihn unbedingt heiraten und nach Deutschland holen. Ich fasste sofort Vertrauen zu der jungen Frau, wie sie mit ihrem halblangem Haar und dem hübschen Gesicht da vor mir saß. Fast sah ich es als meine Pflicht an, ihr meine Geschichte wenigstens ansatzweise zu offenbaren. Sie war geschockt und versprach, auf sich aufzupassen. So begann unsere Freundschaft, die bis heute anhält. Melissa zeigte mir später noch viele mir bis dahin unbekannte Ecken in Frankfurt. Schließlich war sie eine echte Hessin. So lernte ich einige nette Lokalitäten und hessische Bräuche kennen, lebte mich immer besser ein.

Langsam baute ich mir so trotz Najims Eifersucht Stück für Stück einen Freundeskreis auf, der mir über die Jahre eine wertvolle Stütze sein sollte. Über Melissa lernte ich dann auch weitere offene Frauen kennen und fühlte mich bald heimisch. So oft es ging, nahm ich auch Najim mit, wenn wir Mädels unterwegs waren. Das war einfacher. Auf diese Weise hatte er keine Veranlassung, eifersüchtig zu werden, wenn ich meinem Bedürfnis nachkam und ausging.

Nahm ich mir einmal die Freiheit, ohne ihn etwas mit den Mädels zu unternehmen, konnte ich mir stets sicher sein, dass Najim irgendwo auftauchte und „nach dem Rechten sah“. Es war mir ein Rätsel, woher er immer wieder wusste, wo ich mich befand. Natürlich vergaß er bei alledem nie seine eigenen Bedürfnisse. Er war oft und gern allein in Richtung Konstablerwache unterwegs, um seine „guten Freunde“ zu treffen.

Kriminelle Energien

Eines Tages klingelte im Büro das Telefon auf meinem Schreibtisch. Ein Anruf von der Polizei. Der Beamte eröffnete mir, Najim habe ihm diese Telefonnummer genannt.

„Wir haben ihren Mann festgenommen. Er ist beim Schwarzfahren erwischt worden und hat Marihuana bei sich. Beschreiben Sie uns ihren Mann, um zu klären, dass es stimmt, was er sagt." Ich beschrieb Najim kurz und knapp. Mir war die Angelegenheit äußerst peinlich. Gott sei Dank ließen sie ihn laufen, da er nur eine sehr kleine Menge Hasch bei sich trug, die freilich konfisziert wurde. Ich zahlte die Strafe für das Schwarzfahren.

Zuhause redete ich Najim ins Gewissen. Er war mittlerweile in Regionen unterwegs, die nicht von seiner Monatskarte abgedeckt waren. Auch konnte er partout nicht nachvollziehen, dass und wie schlimm es für mich war, wegen ihm von der Polizei angerufen zu werden.

„Das macht doch nichts, Habibti“, versuchte er zu schlichten. „Die haben mich doch nur kontrolliert. Kein Grund zur Sorge. Und die Drogen lasse ich auch sein, ich verspreche es“, erklärte er und tat reumütig. Ich verzieh ihm. Schon wieder. Ich hatte zum Kämpfen einfach keine Kraft mehr. Er braucht unbedingt eine Arbeit, dachte ich mir immer öfter. Dann würde alles besser werden. Ich begann mich umzuhören und verschaffte ihm einen Job bei einer Transportfirma. Dort könne er um Mitternacht anfangen, Lastkraftwagen auszuladen und die Waren in Lagerhallen stapeln. Seine Schicht ginge bis sechs Uhr morgens. Ich schaffte es, dass sie ihn wenigstens für eine Probezeit annahmen. Begeisterung sah aber anders aus.

Doch ich freute mich. Endlich verdiente er Geld. Und das war auch bitter nötig. Ich war ständig pleite und überzog mein Konto jeden Monat. Oft verzichtete ich sogar selbst auf Essen, um Najim etwas kochen zu können. Ihm erzählte ich etwas von irgendeiner Diät. Er hinterfragte das nie. So fieberte ich dem ersten Tag seiner neuen Arbeit entgegen. Ich lag fast die ganze Nacht wach und wartete auf seine Rückkehr. Gegen sieben Uhr hörte ich den Schlüssel im Schloss.

„Herzlichen Glückwunsch“, sagte ich stolz. „Dein erster Arbeitstag ist geschafft, wie war es?“ Er war schlecht gelaunt und sehr müde, blieb dann den ganzen folgenden Tag im Bett und erklärte mir abends, dass er dort nicht mehr hingehen würde. „Viel zu anstrengend, Habibti“, versuchte er sich zu rechtfertigen. „Mein ganzer Rücken tut mir weh. Kaum eine Pause zum Essen – und dann der Lohn! Es tut mir leid, aber dorthin gehe ich nicht mehr.“

Ich war entsetzt und traurig. Für ihn war das Thema Arbeit also einmal wieder vom Tisch. Er fing wieder an, sich draußen herumzutreiben. Ich weinte wieder sehr oft, hatte schreckliche Herzschmerzen. Aber ich konnte einfach nicht von ihm lassen. Seine Liebe zu mir, die er mir immer wieder mit Worten, nicht aber mit Taten beschwor, machten mich mit der Zeit ziemlich willenlos. Er selbst unternahm nichts Vernünftiges, ganz im Gegenteil. Und ich ließ es geschehen, dass er immer weiter abrutschte. Das alles wirkte sich auch auf meine neue Arbeit aus. Ich war oft zerstreut und nah am Wasser gebaut. Gut, dass ich mittlerweile zu meinem Kollegen Jens ein kameradschaftliches Verhältnis aufgebaut hatte. Ihm konnte ich ab und zu mein Leid klagen oder Rat und Beistand erfragen. Zum Glück kam meine Chefin nur alle paar Wochen vorbei, arbeitete fast ausschließlich im Home Office. So bekam nur Jens mit, in welchem Dilemma ich steckte. Najim allerdings blieb nicht verborgen, wie gut ich mich mit Jens verstand. Er machte mir deshalb fürchterliche Szenen.

Die führende Position der Büroleitung, die ich inzwischen übernommen hatte, beinhaltete auch die Kassenführung. Schließlich kam es öfter vor, dass Kunden ihre Reise bar bezahlten wollten. Da es hier um nicht gerade kleine Beträge ging, gab es einen Tresor im hinten liegenden Personalbüro. Eines Abends, als ich dort gerade die Prüfung des wöchentlichen Kassenbestands abgeschlossen hatte, um ihn an meine Chefin zu faxen, hörte ich die Türglocke. Verflixt, ich hatte vergessen zuzusperren. Ich ließ den Tresor offen und ging in den Verkaufsraum. Da stand Najim. In diesem

Moment war ich froh, dass die Kollegen schon Feierabend hatten und ich alleine im Büro war.

„Najim, du sollst doch nicht herkommen“, schimpfte ich. „Ich habe keine Zeit, ich muss arbeiten.“ Aber er nahm das locker. Er wolle nur mal kurz schauen, was ich denn so mache. Nach kurzer Diskussion meinte er, er müsse kurz zur Toilette. Auch das WC befand sich unsichtbar für die Kunden im hinteren Bereich. Ich nahm den Schlüssel aus der Schublade meines Schreibtischs und ging zur Eingangstür. Najim war schnell zurück und verschwand. Ich schloss ab und ging wieder nach hinten. Ich faxte noch schnell den fertigen Kassenbericht an meine Chefin, schloss den Tresor und machte dann auch Feierabend.

In der Woche darauf stimmte die Kasse nicht. Mir stockte der Atem. Mein Blutdruck und mein Puls schnellten in die Höhe. Es fehlten achthundert Euro! Ich wusste sofort, das konnte nur Najims Werk sein. Mein Herz aber, das unbelehrbare – versuchte eine Erklärung zu finden. Es war Sommer, es war heiß draußen. Deshalb stand das Fenster zum Hinterhof offen. Sicherlich war ein Dieb hier eingestiegen.

Najim würde so etwas nie tun! Nie! Oder doch? Er brauchte doch ständig Geld.

Beim Ringen in diesem Hin und Her weinte ich bittere Tränen. Dann rief ich Najim an.

„Hast du Geld aus unserer Kasse gestohlen?“, wimmerte ich. Najim tat entsetzt. Er tröstete mich und schwor auf Allah, dass er nie stehlen würde. Mein Herz stimmte bereitwillig zu. Er sagte natürlich die Wahrheit. So etwas täte er mir nicht an.

Ich brauchte eine Lösung. Das Problem war, ich besaß keine achthundert Euro, dafür aber die Angst, des Diebstahls bezichtigt zu werden und meinen Job zu verlieren. Ich stand in der Verantwortung und es war klar, dass ich den fehlenden Betrag irgendwie auftreiben musste. In meiner Not rief ich eine gute Bekannte in Erfurt an, schilderte ihr die Situation, bat um Hilfe, schwor Stein und Bein, dass ich ihr die achthundert Euro in Raten zurückzahlen würde. Sie half mir aus der Patsche.

Ich litt seelische Höllenqualen, vor allem weil Najim, anstatt sich für unser Leben einzusetzen, eine Arbeit zu suchen und zu Hause zu sein, immer mehr Freunde kennenzulernen schien, mit denen er fast immer unterwegs war. Immer öfter schlief er nachts außer Haus, allerdings nicht ohne vorher zu kontrollieren, dass ich daheim im Bett lag. Er nächtigte in den finstersten Kaschemmen, die man sich denken kann. Meist im Bahnhofsviertel bei seinen „guten Freunden" auf dem Erdboden oder auf einer nackten Matratze. Er fühlte sich magisch angezogen vom Frankfurter Untergrund, bewunderte die Leute, die so offen ihren Dealergeschäften nachgehen konnten und damit enorm viel Geld verdienten.

Jessica, meine engste Vertraute, besuchte mich in dieser Zeit oft und nahm mich in die Arme, wenn ich mal wieder hemmungslos weinte. Meine seelischen Probleme drangen schließlich nach außen, als ich einen Ganzkörperausschlag bekam. Der Arzt, den ich konsultierte, redete von einem Pilz. Er verschrieb mir Salbe und Antibiotika.

In diesen Tagen dachte ich immer öfter an Trennung. Aber allein der Gedanke, meinen Mann zu verlieren, schnitt mir die Luft zum Atmen ab. Diese Verlustangst bohrte sich tief in mein Herz. Das tat körperlich weh! Dann kam mir eine Idee – ein Urlaub musste her! Das würde uns beiden guttun. Najim wäre weit weg von seinen Freunden und wir hätten Zeit, über alles zu reden. Obwohl das Geld knapp war und ich es mir nicht wirklich leisten konnte, buchte ich eine Billigreise für zwei Personen in die Türkei. Es war mittlerweile Herbst geworden und es gab günstige Winterangebote. Für nur 199,- Euro pro Person konnte man – mit Pflichtbesuchen bei Teppich- und Schmuckfabriken – einen Einkaufsurlaub in die Türkei buchen. Diese Ausflüge waren Pflicht, denn der türkische Staat sponserte dafür die Hotels. Najim schien begeistert. Für kurze Zeit war er wieder der Mann, in den ich mich verliebt hatte. Er freute sich wirklich auf die Woche Urlaub mit mir. Ich nahm ihm das Versprechen ab, sich dort zu benehmen und vor allem nicht wieder eifersüchtig zu werden. Ich erklärte ihm, dass in der Türkei – ähnlich wie in Tunesien – die Männer den Frauen hinterher schauten. Fast verdächtig brav versprach er mir alles und so flogen wir nach Side.

Die Sonne und das Meer empfingen uns. Die frische Meeresluft tat gut. Endlich hatte ich meinen Mann wieder einmal ganz für mich. Wir checkten in einem modernen Hotel ein und genossen das Essen und die Annehmlichkeiten.

Natürlich blieb Najim nicht verborgen, dass der eine oder andere Mann mich verstohlen musterte.

„Gefällt dir dieser Rezeptionist?“, fragte er mich schon wieder wütend werdend. „Kennst du den? Hast du den Urlaub hier gebucht, weil du mit ihm Kontrakt hast und ihr euch hier treffen wolltet? Ist das dein Freund? Warum hast du ausgerechnet dieses Hotel gebucht? Er hat dich angesehen!“ Ich konnte es nicht mehr hören. Ich war es so satt. Am liebsten hätte ich ihm mit viel Ironie geantwortet, dass ich natürlich nur wegen des Rezeptionisten dieses Hotel gebucht hätte, weil ich sogar auch mit ihm verheiratet sei. Doch wer weiß, was dann passiert wäre. Ich schüttelte also nur resigniert den Kopf.

Zum Abendessen gingen wir gut gekleidet ins Restaurant. Wir entdeckten noch freie Plätze an einem großen runden Tisch. Dort saß eine nette Familie aus Deutschland mit zwei Kindern.

„Dürfen wir uns dazusetzen?“, fragte ich höflich.

„Aber bitte, sehr gern“, antwortete der Familienvater. Er war klein und untersetzt, mit einer Halbglatze und freundlichen Augen. Im Laufe des Abendessens gab sich die Familie die größte Mühe, Konversation zu betreiben und auch Najim mit in das Gespräch einzubinden. Leider verstand er noch immer zu wenig Deutsch und blieb deshalb zumeist stumm. Außerdem merkte ich ihm den Ärger über den Rezeptionisten noch deutlich an. Ich versuchte, die Situation zu retten und unterhielt mich angeregt.

Am nächsten Tag stand Pamukkale auf dem Programm. Der Besuch der Kalksteinterrassen war ebenfalls ein Teil des Ausflugpaketes. Ich freute mich darauf. Doch schon am Morgen war Najim launig und wirkte unausgeschlafen.

Die frühe Stunde war ihm zuwider. Ich aber war bereits fertig angezogen und hatte Hunger.

„Ich geh dann schon mal vor, frühstücken“, informierte ich ihn. „Schlaf du noch ein bisschen, aber verpasse die Zeit nicht. Acht Uhr ist Abfahrt.“ Ich ging zum Restaurant. Dort war auch bereits die freundliche Familie vom Vorabend beim Frühstück. Man winkte und bot mir einen Platz an. Zwei Plätze waren noch frei. Ich setzte mich ohne nachzudenken neben den Familienvater. Die Atmosphäre war entspannt. Plötzlich sah ich Najim im Eingang des Restaurants stehen. Sein Blick war finster und bedrohlich. Er kam nicht herein, sondern verschwand. Ich stand schnell auf und verabschiedete mich. Die Familie wollte ebenfalls nach Pamukkale.

„Ich sehe euch dann später“, rief ich und eilte hinaus, meinen Mann zu finden. Er machte mir eine heftige Szene. Er wisse jetzt, dass ich etwas mit dem Familienvater hätte und extra deswegen in die Türkei gekommen wäre. Es war so lächerlich. Ich konnte nur heulen.

Als der Bus vorfuhr, machte mir Najim erneut Vorhaltungen, dass er nur wegen mir das Frühstück verpasst hätte und nun hungrig auf so eine scheiß Tour müsse. Aber von mir hätte er ja nichts anderes erwartet. Er habe gedacht, eine intelligente und treue Frau zu heiraten. So könne man sich eben täuschen ...

Ich konnte diese Demütigungen nicht mehr ertragen und nahm völlig geschafft im Bus neben ihm Platz. Zu allem Übel bezog die besagte nette Familie genau die Reihen hinter uns. Immer wieder sprach man uns an und verwickelte uns in Gespräche. Najim war sehr unhöflich. Er ignorierte die Familie komplett.

Beim ersten Stopp in den Bergen verließ Najim die Gruppe unmittelbar, nachdem er aus dem Fahrzeug geklettert war. Als es weitergehen sollte, blieb er verschwunden. Ich wartete, rief und suchte ihn. Längst war es an der Zeit, weiterzufahren. Von Najim keine Spur. Die ganze Reisegruppe wartete nur noch auf ihn. Die Leute wurden schon ungehalten. Endlich kam er und setze sich ohne Entschuldigung schweigend neben mich.

In Pamukkale bezogen wir für eine Nacht ein Hotel mit Termalbädern. Wie gern wäre ich geschwommen. Najim ließ es nicht zu. Er verschanzte sich im Hotelzimmer, schloss die Tür ab und mich ein. Nun ergoss sich eine Hasstirade über mich. Er hörte die ganze Nacht nicht auf, bis zum Morgengrauen. Man kann sich das nicht vorstellen und auch nicht nachvollziehen, wenn man Derartiges nicht selbst erlebt hat. Wenn man nicht irgendwann einfach abschaltet, springt man aus dem Fenster. Die Seele wird verstümmelt und Liebe wird irgendwann zu Hass.

Die restliche Zeit des Urlaubes war weiterhin geprägt von Eifersucht, Missgunst und Misstrauen. Ich war so weit, dass ich ihn am liebsten in der Türkei gelassen hätte! Einfach nicht wieder mit zurück nehmen! Ich träumte davon, erwog die Möglichkeit, seinen Pass, der in meinem Besitz war, zu vernichten. Aber ich hatte zu viel Angst vor seiner Reaktion. Der Urlaub ging seinem Ende zu, ohne dass wir wieder zueinanderfanden. Im Flugzeug versuchte ich erneut, auf ihn einzuwirken. Wieder einmal versprach er mir hoch und heilig, mit seiner Eifersucht aufzuhören, sobald wir wieder zuhause seien. Er nahm mich in den Arm, er war verständnisvoll – und ich glaubte ihm alles. Hoffnung keimte in mir auf. Er sah ein, wie schlecht er sich in der Türkei benommen habe, und schwor Besserung.

Natürlich hielt er sich nicht daran. Kaum waren wir zu Hause, es war spät geworden, durchquerten wir den dunklen Hausflur. Ich ging vor ihm, wollte Licht machen. Dabei verfehlte ich den Lichtschalter, erwischte stattdessen die gleich daneben liegende Klingel des Nachbarn.

Najim flippte aus. „Jetzt weiß ich, wer dein heimlicher Freund ist", klagte er mich an und packte mich am Hals. „Du hast ein Klingelzeichen mit dem Nachbarn ausgemacht, dass du wieder da bist."

Von diesem Moment an zweifelte ich ernsthaft an seiner geistigen Gesundheit. Mir wurde klar, ich musste mich trennen. Das war nicht mehr auszuhalten.

Doch das dachte ich ja nicht zum ersten Mal. Und nie brachte ich es über mich, den letzten entsetzlichen Schritt zu tun und zum Anwalt zu gehen.

In der Folgewoche, in der ich wieder arbeiten gehen musste, lauerte mir Najim überall auf. Er sprang über den Zaun in den Hinterhof des Reisebüros, schaute durch das geöffnete Fenster und sah mich dort in der Raucherpause mit meinem Kollegen Jens sitzen. Wieder rastete er aus, stürmte in den Laden und baute sich vor Jens auf.

„Wage nicht, meine Frau anzufassen“, knurrte er mit irrem Blick und drohte mit der Faust. Ich starrte ihn mit offenem Mund an und war keines Wortes fähig. Jens, ein Hüne von einem Mann, stand langsam auf und schaute Najim fest in die Augen. Najim folgte seinem Blick und musste schließlich sogar den Kopf etwas anheben, um Jens ins Gesicht zu sehen. Als der seine Rechte zu Faust ballte, knackten laut vernehmlich seine Knochen.

„Sandra und ich sind gute Arbeitskollegen“, sagte Jens gefährlich leise, „die täglich hier einen anstrengenden Job zu erledigen haben. Und Sie verlassen jetzt augenblicklich das

Büro, bevor ich meine gute Kinderstube vergesse oder die Polizei rufe.“ Najim schien von Jens’ Erscheinung beeindruckt und hatte wohl genug verstanden, um zu begreifen, dass er diese Partie so oder so verlieren würde. Wortlos drehte er sich um und ging.

Ich rief in meiner Not Melissa an und bat, für ein paar Tage zu ihr ziehen zu dürfen. Ich brauchte unbedingt Ruhe und Abstand, um mir über einige mögliche Konsequenzen klar zu werden. Und um die Scheidung einzureichen. Ich war endlich so weit.

Wir machten drei Tage lang die Tür nicht auf, Melissa hatte sich Urlaub genommen und kümmerte sich liebevoll um mich, das nervliche und emotionale Wrack, das stundenlang heulte. Najim, der eins und eins zusammengezählt und sich gedacht hatte, dass ich bei Melissa sei, klingelte immer wieder an der Tür. Ich glaube, er blieb sogar über Nacht davor sitzen. Meine Angst, in unsere Wohnung zurückzukehren, war unbeschreiblich. Melissa sprach eindringlich mit mir, bestärkte mich, zum Anwalt zu gehen und suchte gemeinsam mit mir im Telefonbuch nach passenden Adressen.

Ich nahm mein Herz in die Hand, all meine Kraft zusammen und machte Termin bei einem Herrn Doktor Schmidt. Der Anwalt konnte im Vorgespräch alle wichtigen Fakten von mir erfragen und erklärte mir, wie wir jetzt weiter verfahren könnten. Ich solle einen Antrag auf Prozesskostenhilfe stellen, denn ich hatte ja so gut wie kein Geld mehr. Er klärte mich über das Trennungsjahr auf. Mir aber fehlte die Vorstellungskraft, wie ich Najim aus der gemeinsamen Wohnung bekommen und draußen halten sollte. Nie würde er freiwillig gehen! Herr Doktor Schmidt kündigte an, das Problem mithilfe der Polizei zu lösen, nachdem ich ihm eingestanden hatte, dass Najim nicht nur einmal übergriffig geworden sei und dass ich vor Angst nicht mehr atmen könne. Er verfasste einen Erlass, eine einstweilige Verfügung, dass sich Najim sich mir nicht mehr als bis auf fünfzig Metern nähern dürfe. Und tatsächlich – die Polizei holte Najim kurz und schmerzlos aus der Wohnung.

Er war völlig verzweifelt, konnte es nicht fassen, dass ich mich trennen wollte. Er tobte, weinte, bettelte. Doch dieses Mal war ihm der Weg zu meinem Herzen verschlossen. Endlich! Er hatte mich unwiederbringlich verloren. Als alles nichts half, verzog er sich schließlich zu irgendeinem Freund. Da er sich mit deutschen Gesetzen nicht auskannte, kam er gar nicht auf die Idee, sich bei der neuen Adresse anzumelden.

Trotzdem hatte ich keine Ruhe vor ihm. Ich litt an Verfolgungswahn. Wo auch immer ich mich in Frankfurt aufhielt, wähnte ich Najim in jedem Hauseingang, an jedem Kiosk. Für mich gab es trotz Trennung kein Erholen, kein Durchatmen, keinen Seelenfrieden.

Najim geriet unterdessen weiter auf die schiefe Bahn. Später erfuhr ich, dass er zu stehlen begann, oft Sportschuhe. Er nahm Drogen und hielt sich vorwiegend an der Konstablerwache oder im Bahnhofsviertel auf. Er fuhr Auto ohne Führerschein und trieb sich herum. Irgendwann wurde er verhaftet. Die Anklage lautete: Diebstahl, Schwarzfahren mit der Bahn, Fahren ohne Führerschein, Verstoß gegen die

Meldepflicht. Er kam für einen Monat ins Gefängnis. Ich konnte es nicht fassen. Was nur war aus ihm geworden?

Trotz allem machte ich mir Sorgen um ihn. Seine Familie war nicht hier, konnte ihn nicht moralisch unterstützen. Eigentlich hatte er in Deutschland abgesehen von ein paar männlichen Bekanntschaften rund um seine Drogenkarriere nur mich. Obwohl unsere Beziehung tot war, obwohl ich eine gebrochene Frau war, sah ich mich in der Verantwortung. Ich kannte ihn gut genug, um zu wissen, wie schlecht es ihm im Gefängnis gehen musste. Das Jahr damals in Messadine war schrecklich für ihn gewesen. Aber warum lernte er nicht daraus? Er hatte wirklich eine besondere Gabe, sich immer wieder ins Aus zu manövrieren. Najim zog Probleme magisch an. Ich wollte ihn im Gefängnis besuchen und mit ihm sprechen, ihn zur Räson bringen. Vielleicht hörte er mir ja jetzt zu. Wieder war ich zweigeteilt. Mein Verstand sagte mir, dass ich mich besser um mich selbst kümmern solle, um wieder halbwegs in die Spur zu kommen. Aber mein Herz ließ mich nicht zur Ruhe kommen. Wider alle

Vernunft tat mir Najim leid. Ich hatte Hemmungen, im Gefängnis anzurufen. So fuhr ich einfach hin. Mit einer Tüte voller Kosmetika, die ich für ihn gekauft hatte, stand ich vor dem riesigen Stahltor. Duschgel, Deodorant und Zahnbürsten, alles, von dem ich dachte, dass er es gut gebrauchen könne – konnte ich ihm nicht geben, denn an der Pforte wurde ich natürlich abgewiesen. Ich besaß ja keine Besuchserlaubnis. Ich bat den Wachhabenden, Najim wenigstens meine Mitbringsel zu geben. Aber auch das wurde abgelehnt. So fuhr ich verdrossen wieder nach Hause.

In der Folgezeit versuchte ich, das Beste aus der Situation zu machen. Ich nahm Entspannungsbäder, versuchte zu schlafen und wohltuende Gespräche mit meinen Freundinnen zu führen. So erholte ich mich nach und nach zumindest körperlich. Die Erholung seelischer Art ließ allerdings auf sich warten. Zu groß war der Schmerz über Najims Verhalten und die Konsequenzen. Kannte ich ihn doch gut und wusste, dass es zwei sehr gegensätzliche Seiten von ihm gab. Oft dachte ich nur an die gute, nur um nicht durchzudrehen. Denn den

Najim, der mir Leid zufügte, wollte ich nicht kennen und lieber verdrängen.

Irgendwann wagte ich es wieder, auszugehen und versuchte, Spaß zu haben. Das Zweitere klappte nicht immer. Meine Bekannten gaben sich die größte Mühe. Sie meinten, es müsse schnell ein neuer Mann her. Einer, der es gut mit mir meine und der Najim die Stirn bieten könne. Ich war unfähig, an so etwas überhaupt zu denken, hatte aber noch nicht genug Kraft zum Widerstand und ließ mich schließlich überreden. Über eine Annonce, die die Freunde für mich inserierten, lernte ich Robert kennen. Vielleicht wollte ich mir selbst beweisen, dass das Leben weiterging, und ließ mich deshalb auf ein Rendezvous ein.

Wir trafen uns am Hauptbahnhof und gingen in ein edles chinesisches Restaurant. Robert sah gut aus, trug einen schwarzen Mantel, hatte braune Haare und ein freundliches Lächeln. Wir aßen und unterhielten uns. Ständig schweiften meine Gedanken ab – zu Najim. Robert hatte nicht sein Gesicht, nicht seine vollen Lippen, nicht seine gelockten Haare. Ich liebte diesen Najim immer noch. Ich musste es mir eingestehen, auch wenn es absurd war. Robert kam aus einer gutbürgerlichen Familie, war gebildet und hatte angenehme Manieren. Für ihn ganz selbstverständlich zahlte er das Essen. Ich bemühte mich um eine unverbindliche Konversation, erzählte vom Reisebüro und meiner Tätigkeit. Dass ich ihm gefiel, merkte ich im Laufe des Abends sehr schnell. Trotzdem war ich froh, als er sich endlich verabschiedete.

Ich konnte es einfach nicht. Mochten meine Freunde reden und denken, was sie wollten, mein Herz war immer noch ausgefüllt mit Liebe zu Najim. Ich konnte es einfach nicht ändern. Mein Verstand schrie mich an, dass ich es doch besser wissen müsse. Mein Herz wollte noch immer nicht hören. Ständig traten die Erinnerungen hervor. Erstes Kennenlernen mit Najim, die Vertrautheit, die ich sofort spürte. Die Seelenverwandtschaft. Die große Liebe, die uns einst verband. Wie schön doch der Anfang unserer Beziehung gewesen war. Wie ein Messer bohrte sich der Schmerz des Verlustes in mein Herz. Der Verlust unserer Lebensträume, die wir anfänglich gemeinsam hatten. Ich kannte Najims bessere Seite. An der hielten sich meine Gedanken fest. Ich verdrängte mehr und mehr alle negativen Erlebnisse der letzten Zeit, schwelgte in guten Erinnerungen und stellte seine positiven Charaktereigenschaften in den Vordergrund. Erinnerte seine lieben, wundervollen, romantischen Worte, die er einst sagte, Geschenke, die er mir machte, die Zärtlichkeiten, die er mit mir tauschte und die Komplimente, die er so leidenschaftlich in meine Seele hauchte.

Am nächsten Tag brachte mir ein Bote einen wunderschönen Blumenstrauß ins Büro. Darin eine Karte von Robert mit der Frage, ob wir uns wiedersehen könnten. Mein Verstand wusste, es war weder klug noch fair. Doch so schwer es auch war, diesen netten Mann vor den Kopf zu stoßen, ich erfand dennoch eine Ausrede und beendete das Ganze. Denn je mehr Zeit verging, umso mehr sehnte ich mich nach Najim zurück. Nicht nach dem Mann, der mir Leid zugefügt hatte, sondern nach dem Najim, den ich von früher kannte, dem wildromantischen einfühlsamen Menschen, der irgendwo ganz tief drinnen ein gutes Herz hatte. Bestimmt neigte ich dazu, schlechte Dinge von mir zu schieben und mich nur den guten Dingen zuzuwenden. So siegte mein Herz immer wieder über meinen Verstand. Ich betrog mich anscheinend gerne selbst. Meine romantische Ader tat ihr Übriges. Ich pflegte sie, indem ich Najims frühere Briefe hervorholte und mehrfach las. Wider besseres Wissen verdrängte ich damit alles Negative der letzten Zeit. Ich wollte einfach meinen Traummann wieder zurück, denn er war ja da noch irgendwo – ach, ich verstand mich selbst nicht mehr.

Besuch bei den Ouertanis

Ich vermisste nicht nur Najim, sondern auch seine Familie. Was wollte ich eigentlich hier in Frankfurt, allein und ohne ihn? Was war aus unserer gemeinsamen Zukunft geworden? Konnte ich nicht irgendwie das Steuer noch herumreißen, ihn zur Vernunft bringen?

Ich beschloss, allein nach Tunesien zu fliegen, um bei seinen Eltern Rat und Unterstützung zu suchen. Sollte alles scheitern, wollte ich wenigstens noch einmal seine Familie sehen. Mich verabschieden! Also flog ich mit Schwermut im Herzen nach Tunesien. Mit viel Wärme und Liebe wurde ich empfangen. Später saß ich stundenlang mit Bessem, Sarama und Neyla im Wohnzimmer, schenkte ihnen reinen Wein ein. Alle waren entsetzt und tieftraurig über Najims Verhalten. Sie baten mich, nichts gegenüber den Nachbarn verlauten zu lassen, um das Gesicht zu wahren. Selbstverständlich kam ich dieser Bitte nach. Neyla arbeitete nun in einem Hotel, wo sie versuchte, Touristen für Ausflüge aller Art anzuwerben.

Sie nahm mich ein oder zweimal mit. Ob in Bouhsina oder auf Neylas Arbeitsstelle, stets wurde ich nach meinem Mann gefragt. Wo er sei, warum er nicht mitgekommen sei? Ich erfand Ausrede um Ausrede. Er müsse arbeiten, er könne nicht weg, er wäre unabdingbar in Deutschland. Alle Bekannten freuten sich für uns, dass wir solch ein schönes Leben in Europa hatten und dass sich Najim so gut eingelebt hatte. Überall wurde ich als seine Frau wahrgenommen. Das nährte den Boden meiner Sehnsucht, ich war versucht, selbst wieder daran zu glauben, dass ich doch schließlich und endlich seine Frau war. Die allgegenwärtige Gastfreundschaft und Freundlichkeit tat ihr Übriges und lullte mich gefährlich und verführerisch ein. Ich genoss gerade einige der für mich selbstverständlichen Freiheiten, konnte – während Neyla arbeitete – alleine an den Strand gehen, schwimmen und mich erholen, wenngleich die Erinnerungen an Najim und unsere gemeinsamen schönen Stunden in Tunesien so lebendig waren, als wäre das alles erst gestern gewesen. Nach allem, was er mir antat, hätte ich nie geglaubt, dass ich ihn so schmerzlich vermissen könnte. Mein Liebeskummer wurde überdimensional, sodass ich mich bereits mit dem Gedanken trug, Najim wieder in mein Leben zu lassen.

Dem erfahrenen und gläubigen Bessem kam eine Idee. Er las nämlich oft vor dem Schlafengehen im Koran, meist auch laut, die Suren. Ich mochte das sehr. Seine Stimme intonierte eine Art Melodie und er konnte sich damit in Trance versetzen. Alle, die ihm dabei zuhörten, konnten danach wunderbar einschlafen – mich eingeschlossen. Er sprach mit mir über seine Idee, einen Muezzin aus der nahe gelegenen Moschee in Bouhsina anzuwerben, um ihn bei sich im Haus aus dem Koran lesen zu lassen. Dies war hier eine Sitte bei Menschen, denen Schlimmes widerfahren war und bei denen, die mit Allahs Hilfe schlechte Energien aus der Familie vertreiben lassen wollten. Bessem war überzeugt, dass sich Najim danach bessern würde. Ich war einverstanden. Außerdem war ich gespannt darauf, wie so etwas vonstattenging. Sarama, Ranim und Neyla taten die nächsten Tage sehr geschäftig. Sie putzen das Haus, bis es glänzte. Dann kochten sie die feinsten Köstlichkeiten. Stets wollte ich davon naschen, aber durfte nicht. Sarama meinte, dies sei alles für den Muezzin und sein zahlreiches Gefolge, das ebenfalls in unser Haus kommen werde. Ich staunte, was für ein ungeheurer Aufwand dafür betrieben wurde. Ebenfalls klar war, dass Bessem eine Unsumme an Geld für dieses Unterfangen werde aufbringen müssen. Ich war der Familie so dankbar, dass sie versuchten, mich zu unterstützen, mir irgendwie zu helfen. An einem Mittwoch war es dann so weit. Das Haus war brechend voll. Der heilige Muezzin und seine Anhänger hatten sich bei den Ouertanis versammelt. Die Männer des Hauses durften alle im Wohnzimmer Platz nehmen, die Frauen im Nebenraum. Stundenlang wurden Suren vorgelesen. Ich verstand natürlich so gut wie nichts. Aber die Situation hatte etwas Spirituelles und Heiliges an sich. Etwas, das sich einem für immer einprägt.

Ich verbrachte meine gesamte Zeit im Haus der Familie. Es tat weh, im selben Bett zu schlafen, in dem ich so oft mit Najim die Nächte verbracht hatte. Neyla aber nahm sich meiner an. Sie frisierte oft meine Haare oder schminkte mich, während wir in ihrem Zimmer arabische Liebeslieder hörten und uns wie Freundinnen unterhielten und benahmen. Wir sprachen viel über die Liebe, über Männer im Allgemeinen und über das Leben an sich. Sie wurde nicht müde zu betonen, dass Najim ein gutes Herz habe und nur verblendet sei. Ich war mittlerweile gewillt, das ebenfalls wieder zu glauben.

Die Tage flogen dahin. Wie würde es wieder in Deutschland sein? Was sollte und musste ich tun? In mir tobte ein ständiger Kampf, ständig wogte es hin und her, wenn mein Verstand und meine Erfahrungen die Oberhand über meine Gefühle gewannen, nur um gleich darauf von den wundervollen Erinnerungen und Gefühlen des Herzens und dem Wunsch nach Wiederholung überrannt zu werden. War ich in Tunesien, nahm mich die arabische Welt völlig für sich ein und ich fühlte mich als ein Teil von ihr. Vielleicht wollte oder konnte ich auch aus diesem Grund nicht einsehen, dass meine Zeit mit Najim abgelaufen war.

Mein Aufenthalt ging langsam zu Ende. Sarama und ich waren in die Medina zum Einkaufen gegangen. Sie kaufte die schönsten Mitbringsel für Najim und mich. Ich bekam Seidentücher, Gewürze und Harissa, eine scharfe rote Paste zum Kochen. Najim bekam ein Paar schicke Schuhe und Hemden.

Als der Tag des Abschiedes kam, wusste ich nicht, ob ich diese Familie je wiedersehen würde. Es tat fürchterlich weh. Ich hing an Sarama wie ein Kind an seiner Mutter, liebte sie innig. Neyla und Ranim gaben mir Briefe für Najim mit, in denen sie ihm ins Gewissen redeten und versuchten, ihn zur Vernunft zu bringen.

Wir fuhren zum Flughafen. Ich umarmte jeden und weinte bittere Tränen. Ich bedankte mich für alles, was sie für mich getan hatten. Eigentlich wollte ich nicht gehen. Ich fühlte mich in Deutschland, das merkte ich plötzlich, so alleine, so hilflos. Ich wollte doch nur meinen Traum von einem gemeinsamen schönen Leben mit Najim leben. Warum war das so schwierig? Sarama weinte ebenfalls. Es würde ein Abschied auf lange Zeit werden, das wussten wir genau.

In Frankfurt holte mich Jessica vom Flughafen ab und brachte mich nach Hause. Wir sprachen lange und ausführlich, wie es nun weitergehen solle. Jessica wurde nicht müde, mir zu raten, wie ich vorzugehen hatte – mich nämlich unerbittlich konsequent für immer von Najim zu trennen.

Sie hatte recht. Aber ich konnte nicht. Ich weinte mir den gesamten Kummer von der Seele. Ich wusste, dass Najim bald aus dem Gefängnis kommen würde, und hoffte inständig, dass ihn diese Zeit positiv geprägt hätte. Ich erfand immer neue Ausreden. Auch vor Jessica. Erklärte, warum und weshalb er sich so und so benommen hätte, trug aber gleichzeitig die Sorge in mir, wie es ihm wohl bei seinen Freunden in Frankfurt ergangen sei, wo er die letzte Zeit über gewohnt und geschlafen hatte. Ich kannte das Milieu, in dem er sich gerne bewegte, kannte auch den negativen Einfluss, den es auf ihn hatte. Wie konnte er nur dieses vage, unbeständige und ungesunde Leben einem bürgerlichen, guten und liebevollen mit mir als seiner Frau vorziehen? Ich meinte, es müsse doch möglich sein, ihn irgendwie zu ändern. Ihm begreiflich zu machen, was im Leben wichtig war. Er besaß doch ein gutes Elternhaus, eine Familie, die ihn liebte und einen Vater, der ihm stets ein arbeitsames und erfolgreiches Leben vorgelebt hatte.

Ich hatte überhaupt keine Ahnung, wie es nach dem Gefängnis für ihn weitergehen könne, was er überhaupt wollte und hoffte. Ging er wieder zurück in die Wohnung seiner Bekannten? Wollte er überhaupt jemals wieder mit mir zusammen sein? Aber natürlich wollte er das. Ich war mir sicher. Seine Liebe zu mir war ebenfalls groß. Bestimmt vermisste er mich. Vielleicht hatte er sich geändert? Vielleicht würde das ein Neubeginn werden? Vielleicht konnte man alles hinter sich lassen, was geschehen war und endlich, endlich von vorn anfangen. Ich hoffte es mehr als alles in der Welt. Wäre es so, würde ich ihm alles verzeihen! Ihn wieder bei mir aufnehmen, ihn lieben und ehren, wie wir es uns bei der Hochzeit versprochen hatten.

Gebrochenes Herz

So kam es, dass ich zur Schlussverhandlung, nach der Najim zugleich aus dem Gefängnis entlassen wurde, bei Gericht war. Wir nahmen uns wortlos in die Arme.

„Habibi“, begann ich, „bitte, ich liebe dich. Du musst dich um unser beider willen ändern. Fang endlich ein geordnetes Leben mit mir an. Ich möchte nicht ohne dich sein.“ Mein Mann war völlig einsichtig, lieb und aufmerksam. Er war sehr erfreut darüber, dass ich seine Familie besucht hatte, und sah es als Zeichen an. Er versprach mir den Himmel auf Erden, wenn ich nur die Scheidung zurückziehen würde. Er erzählte mir lachend, wie locker die deutschen Gefängnisse seien, quasi wie Urlaub im Vergleich zu den tunesischen. Ich erkannte, dass er gar kein schlechtes Gewissen hatte, eingesessen zu haben. Die Haft hatte keinerlei abschreckende Wirkung auf ihn. Viel bedenkenswerter war jedoch, dass er keinerlei Unrechtsbewusstsein hatte. Nicht die Spur.

Wir verließen zusammen das Gericht. Heute denke ich oft, dass ich wohl irrsinnig war. Vielleicht war ich tatsächlich verrückt, besessen oder verhext – jedenfalls nahm ich die Scheidung trotz aller Warnsignale in meinem Kopf zurück und ließ ihn wieder bei mir einziehen. Mein Anwalt, Doktor Schmidt, war mehr als erstaunt und konnte mich nicht verstehen. Er warnte mich vor Najim und stellte klar, den Fall erst einmal ruhen zu lassen, anstatt ihn komplett zu den Akten zu legen. Damit konnte ich einverstanden sein. Meine Selbstzweifel, die Unsicherheit darüber, ob es richtig war, was ich tat, nagten ohnehin täglich an mir. Und wurden von meinem Anwalt noch verstärkt.

Ein paar Tage später rief mich mein Bruder Henrik aus München an. „Sandra, ich weiß nicht, wohin ich gehen soll“, sagte er. „Wegen meines Jobs, den ich im Fitnesscenter als Trainer habe, wohne ich gleichzeitig dort im Haus in einer Personalwohnung. Nun habe ich mich aber mit dem Chef überworfen und muss von heute auf morgen gehen. Ich weiß nicht, wohin. Ich habe kein Geld mehr und nur noch mein Auto und wenige Habseligkeiten. Bitte hilf mir." Ich überlegte nicht lange. Liebte ich doch meinen Bruder sehr und vielleicht war etwas mentale Unterstützung bei mir zu Hause ebenfalls nicht schlecht. Ich wollte es mir nicht eingestehen, aber die Angst vor Najim war nicht verflogen.

„Na klar kommst du zu mir", bot ich ihm an. „In Frankfurt gibt es viele Jobs und Möglichkeiten. Du kannst erst einmal hier wohnen." Als gelernter Koch könnte mein Bruder in Frankfurt schnell einen Job finden. Ich sprach mit Najim darüber. Familienbindungen waren auch ihm sehr wichtig und er kannte meinen Bruder von der Hochzeit. „Selbstverständlich kann er erst einmal bei uns wohnen", beruhigte er mich. „Er ist schließlich dein Bruder."

Tage später fuhr Henrik mit einem fast bis unters Dach vollbeladenen Auto bei uns vor. Er sah gut aus. Ich hatte ihn lange nicht gesehen. Der Job im Fitnesscenter hatte ihn muskulös werden lassen, er war in den besten Jahren und voller Lebensenergie. Wir umarmten uns.

Eine günstige Gästeliege war schnell gekauft. Wir stellten sie im Wohnzimmer auf. Ich war froh, dass Henrik da war. Als wir allein waren, erzählte ich ihm alles über Najim. Er war zwar alles andere als erfreut über dessen Eskapaden, trotzdem versuchte er, mich zu beruhigen. Ich meinerseits hatte nun die Hoffnung, dass Najim sich zusammenreißen würde, weil mein Bruder ja immerhin ein stämmiger Mann und auf meiner Seite war.

Henrik lebte sich gut in Frankfurt ein. Ich schrieb Bewerbungen für ihn auf dem Computer und schon kurze Zeit später arbeitete er in einem Restaurant. Seine Kochlehre hatte er einst in Kempten im Allgäu absolviert und nun wieder Spaß am Kochen gefunden. Ich freute mich für ihn. Er sprach, wenn es sich ergab, abends mit Najim auch über mich, und mein Mann versicherte ihm immer wieder, wie sehr er mich liebe. Wir gingen gemeinsam aus, mal in Discotheken, mal in Bars.

Najim schien sich tatsächlich wieder auf unsere Anfangszeit zu besinnen. Das beruhigte mich. Ich schnaufte durch. Meine große Liebe und mein Bruder lebten nun bei mir.

Tagsüber war Najim zwar wieder öfter unterwegs, aber er telefonierte viel mit mir und sagte dabei stets, wo er gerade sei und was er mache. Ich kannte mittlerweile auch einige seiner Freunde etwas besser, weil auch sie oft bei mir anriefen, während mein Mann im Hintergrund war. Manche dieser Bekannten waren zugänglich und ließen Najim bei sich zu Hause zu Mittag essen, während ich arbeitete. So auch Ali. Er und Najim informierten mich stets, was gerade so anstand und wohin sie gingen. Mein Mann kam auch wieder pünktlich zu den verabredeten Zeiten nach Hause. So konnten wir unsere Freizeit miteinander teilen. Ich kam weniger ins Grübeln und war fast wieder glücklich. Regelmäßig riefen wir in Tunesien an und alle waren froh, dass es bei uns gut lief. Ich bemühte mich, Najim ein schönes Leben zu bieten, ihm zu zeigen, dass es nicht nur das Bahnhofsviertel und die Konstablerwache gab. Frankfurt hatte wesentlich mehr zu bieten. Abends fuhren wir bei gutem Wetter auf den Main Tower, saßen auf der Aussichtsplattform und genossen die Aussicht über die Skyline der Stadt. Zuweilen gingen wir in den romantischen Palmengarten mit seinem subtropischen und tropischen Pflanzenparadies. Hand in Hand liefen wir hindurch und wurden nicht müde, uns zu sagen, wie sehr wir uns liebten. Wir saßen im Café am Eschenheimer Turm und genossen die Zweisamkeit. Wir besuchten den Eisernen Steg, die Fußgängerbrücke mit den ganzen Liebesschlössern, und hingen auch unseres hin. Es sollte alles wieder gut werden. Wir versprachen es uns. Najim war romantisch und zärtlich.

„Habibti“, sagte er oft. „Ich werde mir eine Arbeit suchen und wieder mit dir glücklich leben.“ Ach, wie schön waren diese Worte, wie sehr wollte ich daran glauben.

„Mein Schatz“, erwiderte ich, „ich freue mich, wenn wir jetzt ein gutes Leben haben und gemeinsam alt werden, ich liebe dich sehr und werde dich immer unterstützen.“ Ich wollte mich gleich in den nächsten Tagen intensiv um eine Arbeit für ihn bemühen. Vielleicht konnte er am Flughafen unterkommen? Dort gab es bei der Gepäckbearbeitung immer viel zu tun. Natürlich war es mit seinen Deutschkenntnissen noch immer nicht gut bestellt, aber es gab auch Jobs hinter den Kulissen. In den höchsten

Tönen schwärmte ich davon und gewann seinen Zuspruch. Wir träumten sogar von einer größeren Wohnung, die wir uns suchen wollten. Die Kochnische im Wohnzimmer war wirklich zu klein. Sie brachte uns bei der Zubereitung ausgiebiger Mahlzeiten arg in Bedrängnis. Najim konnte recht gut kochen, gern verwöhnte er mich mit arabischen Gerichten, die ich so leidenschaftlich liebte. Sie waren scharf, aber mittlerweile hatte ich mich so sehr daran gewöhnt, dass ich die Schärfe sogar brauchte. In Frankfurt war es ein Leichtes, die Zutaten dafür zu besorgen. Es gab genügend arabische Lebensmittelgeschäfte, wo wir alles Nötige fanden. Auch unser geliebtes Harissa, das wir mit Vorliebe zu Spiegeleiern mit Olivenöl dazugaben. Überhaupt mochte Najim Spiegeleier über alles, er aß pro Tag mindestens fünf Stück davon. Ich hatte mich seinen Essgewohnheiten angepasst. In vielerlei Hinsicht waren wir zusammengewachsen, ergänzten uns und waren wieder Seelenverwandte.

Wir verstanden uns auch ohne Worte. Jeder von uns kannte den guten Teil des Anderen in- und auswendig. Es war so wunderbar, wie wir wieder miteinander umgingen und uns gegenseitig Halt gaben. Nur Najims Vorliebe für Drogen konnte ich beim besten Willen nicht gutheißen. Wie oft sprachen wir darüber! Er versicherte mir stets, dass es sich nur um ein wenig Hasch handele, was er gern mit seinen Freunden rauche. Er genoss die Freiheit, die ihm Deutschland dahingehend gegenüber Tunesien bot. Und die dortigen Gefängnisse waren von anderem Kaliber als die deutschen. Er hatte es doch am eigenen Leib erfahren, damals in Messadine. Trotz allem faszinierte ihn das Rauschgift nach wie vor. Das musste die Sucht sein, ein nahezu unbesiegbarer Feind. Zudem reizte es ihn auch, mit Drogen Geschäfte zu machen. Er träumte von dem ohne Arbeit schnell verdienten Geld.

Ich war glücklich darüber, dass Henrik und Najim mittlerweile ein gutes Verhältnis zueinander aufgebaut hatten. Er bemühte sich, dass unser Zusammenleben zu dritt funktionierte. Wie dankbar war ich ihm dafür!

Henrik gefiel es in Frankfurt ausgesprochen gut. Als er seinem ersten Lohn erhielt, kaufte er sich ein Fahrrad und radelte, wann immer es ging, in den Taunus. Dort hatte er als Ausflugsziel den Großen Feldberg für sich entdeckt. Er schwärmte von der dortigen Natur. Im Job fühlte er sich wohl, die Kollegen waren zuvorkommend und er genoss allgemeines Ansehen. Alsbald fand er eine Freundin, die er in seinem Restaurant, in dem er arbeitete, kennenlernte. Madeline, eine Serviceangestellte, war ein bildhübsches Mädchen mit einem puppenhaften Gesicht und langen schwarzen Haaren. Sie war bis über beide Ohren in meinen Bruder verliebt, wie ich lächelnd bemerkte, als er sie mir das erste Mal vorstellte. Schade, dass Najim gerade nicht zu Hause war und sie somit nicht kennenlernen konnte.

Ich freute mich für meinen Bruder. Madeline und Henrik lebten eine respektvolle Beziehung miteinander und mochten sich sehr. Sie gingen liebevoll miteinander um und unternahmen in ihrer Freizeit viel gemeinsam. Madeline besaß eine kleine Wohnung und Henrik übernachtete immer öfter nach der Arbeit bei ihr. Bald kam der Tag, da war er schon fast mit Sack und Pack bei uns aus- und bei ihr eingezogen. Ich bewunderte die beiden. Oder sollte ich beneiden sagen? Madeleine war mir äußerst sympathisch. Ja, sie waren glücklich und das war die Hauptsache. Gerne hätte auch ich eine so stabile Beziehung mit Najim geführt, ohne die ständige Angst, in eine der Gletscherspalten seiner Eifersucht zu stürzen. Und die tauchten immer häufiger wieder auf. Nach gut einem halben Jahr blieb Najim plötzlich wieder immer öfter bis spät in die Nacht weg, ohne mich zu informieren, wann er nach Hause käme. Tagsüber benutze er wie selbstverständlich Henriks Stereoanlage, seine Kassetten und CDs und auch viele andere Dinge. Mir war das sehr peinlich. Darum entschuldigte ich mich bei Henrik jedes Mal aufs Neue, während ich gleichzeitig Najim ins Gewissen redete. Denn auch mit einer Arbeitsstelle hatte es nach wie vor bei ihm nicht geklappt. Was ich ihm auch anbot, was ich ihm auch schmackhaft zu machen versuchte, nichts sagte meinem Mann zu. An seine gegebenen Versprechungen mir gegenüber konnte er sich plötzlich auch nicht mehr erinnern. Mein Herz begann zu erkalten.

Eines Abends wartete ich wieder einmal vergeblich auf ihn. Ich begann zu weinen. Ich musste dieses Hin und Her beenden, ich konnte mich nicht länger so quälen. Sämtliche Träume und Hoffnungen, die ich in unsere Zukunft gesteckt hatte, zerplatzten schon wieder wie Seifenblasen. Aber immer, wenn ich mir vorstellte, nie mehr Najims Haar und Gesicht zu küssen, nie mehr seine Stimme zu hören, nie wieder mit ihm zu sprechen, stach ein Schmerz durch meinen Leib, wie er nicht stärker hätte sein können. Es waren tatsächlich körperliche Schmerzen, die ich erlitt.

Gegen dreiundzwanzig Uhr klingelte das Telefon. Es war mein Bruder.

„Sitzt du oder stehst du?“, fragte er mich.

„Wieso? Was ist los?“, horchte ich alarmiert auf. Es dauerte einen Moment, bevor mein Bruder weitersprach.

„Najim ist eben am Bahnsteig gewesen, in Richtung Eschborn, um zu dir zu fahren. Er spielte mit einem Fußball, den er irgendwo aufgegabelt hat. Da hat er Madeline am Bahnsteig gesehen, die ihrerseits nach Hause fahren wollte, wo ich ja bereits schlief. Ihre Schicht dauerte heute länger als meine. Rate mal, was er machte."

„Ich weiß nicht", antwortete ich ahnungslos und mit einer besorgten Leere im Kopf.

„Er hat sie ... angebaggert", sagte Henrik und der Missmut in seiner Stimme war nicht zu überhören. „Er sagte ihr, er hätte noch nie eine so schöne Frau gesehen. Sie müsse doch Araberin sein mit ihren langen, schwarzen Haaren, denn deutsche Frauen wären längst nicht so hübsch. Er erzählte ihr, dass er geschieden sei und in Eschborn wohne. Dann fragte er sie nach ihrer Telefonnummer. Er wolle sie unbedingt treffen."

Ich war wie vor den Kopf geschlagen. Das konnte doch nicht sein. „Du spinnst ja", rutschte es mir heraus. „Niemals. Najim liebt mich. Er hat keine andere Frau im Sinn. Das muss eine Verwechslung sein. Nie und nimmer glaube ich das. Madeline kennt Najim doch gar nicht", schloss ich den Fall für mich ab.

Mein Bruder ließ sich nicht beirren. „Ich habe ihr ja von ihm erzählt, ihn beschrieben. Sie konnte eins und eins zusammenzählen und fragte ihn nach seinem Namen. Und er antwortete wahrheitsgemäß, dass er Najim hieße.

„Niemals!“, kreischte ich ins Telefon. „Was erzählst du mir da?!“ Ich legte auf. Im selben Moment hörte ich den Schlüssel im Schloss unserer Wohnung. Ich drehte mich wie in Zeitlupe um. Und da stand Najim – mit einem Fußball in der Hand.

Mein Herz überschlug sich, setzte aus, holperte. Ich ging auf die Knie. Mir wurde speiübel. Najim hatte Madeline all die netten Sachen gesagt, die er auch mir gesagt hatte. Er wollte sich mit ihr treffen. Langsam sickerte die bittere Wahrheit in mein Bewusstsein – und in mein Herz. Er wollte mich betrügen. Nach allem, was ich für ihn getan hatte. Wenn Madeline einverstanden gewesen wäre, hätte er ein heimliches Verhältnis mit ihr angefangen. Meine Seele war eine einzige Wunde! Aber mein Verstand arbeitete unaufhaltsam weiter. Ich wusste nicht, woran es gelegen hatte, aber eine andere Frau war mir die ganzen Jahre über nie in den Sinn gekommen. In diesem Punkt hatte ich im blind vertraut. Er liebte mich, da hatte keine andere eine Chance. Sogar wenn er eifersüchtig war und mich quälte, hielt doch das Vertrauen in unsere starke Liebe wie ein Dach über einem maroden Haus. Nicht einmal Jessicas gelegentlichen sehr vorsichtigen Andeutungen, Najim sei kein Kind von Traurigkeit in Sachen Frauen, schenkte ich Glauben. Das war für mich im Sinne des Wortes undenkbar. Aber hier und jetzt hatte ich den Beweis.

Ich bekam einen Tobsuchtsanfall, dem ein Nervenzusammenbruch folgte. Ich wütete, schrie, beschimpfte Najim aufs Übelste, stieß ihn von mir weg. Es war mir egal, dass er nicht wusste, was los war. Sein unschuldiger Augenaufschlag, seine Fragen, was ich denn hätte, Schatz, stachelten meine Wut nur noch mehr an. Ich schlug auf ihn ein. Wie im Rausch hörte ich die Türklingel. Henrik, der noch einen Wohnungsschlüssel hatte, schloss auf. Er und Madeline standen vor der Tür. Najim wurde blass, als er die beiden sah.

Ich wollte sterben, schrie wie von Sinnen, führte mich auf wie eine Furie, rannte heulend durch die Wohnung. Alle Dämme waren gebrochen, all die Qual der letzten Jahre kam hervor wie eine Welle. Und noch eine. Und noch eine. „Raus hier“, schrie ich Najim an und bemühte mich, ihn zur Tür hinaus zu stoßen. Doch es gelang mir nicht. Er wich mir aus und flüchtete auf den Balkon. Mein Bruder wählte den Notruf der Polizei. Der Beamte wollte mit mir sprechen. Ich heulte ins Telefon, sie sollten den Kerl abholen, ich wolle ihn nie wieder sehen.

„Gute Frau“, belehrte man mich, „da können wir gar nichts tun. Er ist ihr Mann, Sie haben ihn geheiratet, er hat ein Bleiberecht in der gemeinsamen Wohnung.“ Ich konnte nicht aufhören zu schluchzen, sah alles verschwommen und fasste in diesem Moment den Entschluss zu sterben. Mein Bruder kannte mich sehr gut und er musterte mich mit ernstem Blick. Das hier war keine einfache Sache mehr, hier ging es an die Existenz. Henrik erkannte das – und griff Najim an. Zuerst mit Worten, dann mit Fäusten. Beide waren fast gleichgroß. Es entstand ein entsetzliches Gerangel. Als Najim merkte, dass er gegen Henrik keine Chancen hatte, stieß er den Couchtisch um und zertrümmerte weitere Möbel. Dann nahm er ein Messer von der Küchenzeile und verletzte sich selbst.

„Wenn du mich verlässt, töte ich mich“, schrie er an mich gewandt.

Ich schrie zurück. „Dann töte dich doch, tu es, ich hasse dich.“ Ich war in diesem Moment vielleicht nicht mehr gänzlich Herr meiner Sinne und hätte einen Arzt gut gebrauchen können. Jedoch erkannte ein Teil meines Bewusstseins, dass mein Urvertrauen in Najim und seine Liebe verwelkte wie eine Rose in der Wüste. Es war dahin. Ich fühlte mehr Schmerz, als ich es mit Worten beschreiben kann. Irgendwie schaffte Henrik es schließlich, Najim den Wohnungsschlüssel abzunehmen und ihn aus der Wohnung zu drängen. Was blieb, war sein Blut, das am Türrahmen klebte.

Dann verließen mich die Kräfte. Ich war zu erschöpft, um noch zu wüten. Henrik und Madeline blieben über Nacht. An Schlaf war nicht zu denken. Ich weinte ohne Unterlass und konnte mich nicht beruhigen. Das war die schrecklichste Nacht meines Lebens. Mein

Herz stach, es tat so unendlich weh. Doch nun wusste ich genau: Es war endgültig vorbei.

Ich fand endlich die Kraft, mich ein für alle Mal zu trennen und die Scheidung einzureichen. Etwas, das ich jahrelang, ganz gleich, was Najim getan hatte, nicht zustande gebracht hatte. Er verschwand im Untergrund, war einfach von der Bildfläche verschwunden. Für mich eine Randnotiz. Ich setzte alles daran, meine Scheidung schnellstmöglich voranzutreiben. Ich weinte tagelang, bis keine Tränenflüssigkeit mehr kam.

Für Najim kam es, wie es kommen musste. Er wurde bald auf der Straße kontrolliert und verhaftet. Man konnte ihm wieder Rauschgift und Dealen nachweisen. Zusammen mit seinen Vorstrafen ergab das nur eines: Abschiebehaft!

Damit lösten sich für mich gleich zwei Probleme. Am 13. Juni 2006 wurde ich rechtskräftig geschieden. Und im Sommer begleiteten zwei Beamte meinen Ex-Mann auf dem Flug nach Tunesien und setzten ihn dort auf freien Fuß. Er war jetzt für mich weit weg. Und alles stand auf Anfang.

Illegal

Ein Anfang, der mir schwerfiel, da ich noch immer meine Wunden zu heilen versuchte. Inzwischen hatte sich Jessica neu verliebt. Sie war zwei Wochen in Marokko gewesen und hatte am Strand von Agadir einen attraktiven Araber kennen und lieben gelernt. Er hieß Youssef. Sie kam voller Euphorie zurück und berichtete mir alle Details über ihre Zuneigung zu diesem Mann.

Das Leben schreibt wirklich die skurilsten Geschichten, denn nun war es an mir – ausgerechnet an mir, Skepsis zu zeigen. Ich konnte es nicht fassen. „Bist du noch ganz bei Trost?“, brach es aus mir heraus. „Nach allem, was mir widerfahren ist?“ Jessica beteuerte aber felsenfest, dass Youssef ganz anders sei als Najim. Sehr europäisch in seiner Denkweise, modern und liebevoll. Er war aus gutem Hause, hatte eine romantische Ader und umschwärmte Jessica wie die Motte das Licht. Sie fuhr nun ständig nach Marokko, um ihre Liebe auszuleben. Zig Mal fragte sie mich, ob ich nicht mitkommen wolle. Nein! Ich war auf ewig gebrandmarkt und so voller Schmerz, das hätte ich nicht ertragen. Mein Herz war gebrochen, mein Körper rebellierte und mein Aussehen war das einer geschundenen Frau.

Meine Freundin aber war bis über beide Ohren verliebt und kostete jeden Moment mit ihrem Youssef aus. Jessica lernte seine Familie kennen, deren Mitglieder sie alle gleich ins Herz schlossen. Sie wusste aber auch um die Gefahren, die sich hinter einer solchen Beziehung zu verstecken drohen, und war trotz aller Verliebtheit vorsichtig. Sie wollte nicht das Gleiche erleben wie ich. Aber das schien ausgeschlossen. Youssef war arbeitsam, freundlich und in keiner Weise eifersüchtig. Er war hochintelligent und wollte im Leben etwas erreichen. Das kam Jessica, die eine ähnliche Lebensanschauung besaß, sehr entgegen. Und so träumten sie gemeinsam von einem glücklichen, arbeitsamen Leben, das ihnen Erfolg und Reichtum bringen sollte. Nach kurzer Zeit waren sie sich einig: Sie wollten in Deutschland ein gemeinsames Leben aufbauen. Es war klar, dass dies nur mit einer Heirat möglich war. Ich versuchte tage- und nächtelang, Jessica von dem Vorhaben abzubringen. Ich war nur noch dazu fähig, in ihrer neuen Beziehung etwas Gefährliches zu sehen. Warum tat sie das, obwohl sie hautnah meine Geschichte miterlebt hatte? Wie konnte sie nur so blind sein? Ich begriff es nicht. Für mich hatte sich das Bild des orientstämmigen Mannes geändert. Ich war nach den letzten Erlebnissen davon überzeugt, dass ein Zusammenspiel von Erziehung, Kultur und genetischer Veranlagung das Frauenbild dieser Männer prägt. Ihr Besitzdenken und ihr aufbrausendes Temperament treibt sie trotz der Liebe in diese krankhafte Eifersucht. Aber was nützt einem die rationale Erklärung, wenns einem das Herz zerreißt? Würde ich also Jessica begleiten? Freilich würde ich sie als beste Freundin zur Hochzeit nach Marokko begleiten. Ob ich es nun ertrug oder nicht.

Youssefs Familie wohnte in Fès, einer Stadt im Nordosten Marokkos, die gern als Kulturhauptstadt bezeichnet wird und in der Tat eine der vier berühmten Königsstätten im Land ist. Ohne Aufschub wurde rasch alles arrangiert und Youssef setzte sich sehr dafür ein, dass die Trauung eine prunkvolle Zeremonie würde. Wie anders damals doch Najim war, der sich mit einer kleinen Hochzeit im Hause seiner Eltern zufriedengegeben hatte, da er kein Geld besaß und auch keine Lust hatte, für welches zu arbeiten. Youssef jedoch machte regelrecht das Unmögliche möglich. An die hundert Leute lud er zur Hochzeit ein. Jessica wünschte ganz traditionell zu heiraten und beide fieberten aufgeregt wie die Kinder dem ereignisreichen Tag entgegen.

So kam es, dass Jessicas Eltern, einige Freunde und ich nach Agadir flogen und von dort nach Fès fuhren. Vor Jahren hatte ich mir in Tunesien aus einer Kauflaune heraus, ein wunderschönes rotes arabisches Oberteil mit Spitze und Pailletten geleistet. Das wollte ich nun zur Trauung tragen. Als wir in Fès mit dem Taxi vorfuhren, stand da am Straßenrand der wartende, attraktive und sonnengebräunte Youssef und winkte uns freudig heran. Er war jung. Etwas jünger als Jessica und hatte eine umwerfende Ausstrahlung. Eins achtzig groß, mit muskulösem Oberkörper und frisch frisiertem Haar stand er da, um die neue Familie, Jessicas Eltern, die mitgereisten Freunde und Bekannten zu begrüßen. Stolz führte er uns in die Wohnung seiner Eltern. Ich staunte! Hier ging es nicht etwa in ein ebenerdiges Gebäude wie bei den Ouertanis. Sondern in ein Hochhaus, in dem in der obersten Etage die gesamte Familie wohnte. Öffnete man die Tür, befand man sich sofort im Wohnzimmer, in dem an den Wänden Bilder vom Koran und den heiligen Schriften hingen und im Raum ausladende Plüschsofas zum gemütlichen Sitzen einluden. Angrenzend folgte das Schlafzimmer, das zum Balkon führte. Die Küche war ebenfalls groß und gut bestückt. Es war alles da, was für ein annehmbares Leben erforderlich war. Offensichtlich war die Familie überdurchschnittlich gut betucht. Am meisten beeindruckte mich jedoch die riesige Dachterrasse, die einen fantastischen Blick auf Fès freigab. Dort sollte am Abend das Diner stattfinden.

Nachdem wir allen Familienmitgliedern vorgestellt wurden; zog sich Youssef alsbald galant zurück. Er wollte sich für die Feier vorbereiten. Wir anderen taten es ihm gleich, machten uns frisch und zogen uns um. Doch wie erstaunt war ich, als ich zufällig ins Schlafzimmer ging, wo meine Kosmetika geparkt waren. Dort sah ich Youssef auf dem Balkon. Er war tief in sich versunken und las im Koran. Das also war seine Vorstellung von der Ehevorbereitung. Ich fragte Jessica, ob er denn sehr gläubig sei. Sie bejahte, gestand mir aber auch, dass er dennoch ab und zu gerne mal ein Bier trinke. Sie sah durch seinen Glauben kein Problempotenzial und hatte sich längst mit dem Gedanken angefreundet, selbst zum Islam zu konvertieren. Sie war der felsenfesten Überzeugung, dass sich das gemeinsame Leben damit vereinfachen würde. So etwas war völlig neu für mich. Ich hatte das in Tunesien in dieser Form nie erlebt.

Als alle schick angezogen waren, begann der offizielle Henna-Abend. Jessica und Youssef nahmen auf zwei erhöhten Sitzen Platz und ließen sich festlich mit Henna, dem rötlichen Farbstoff eines jungen Hennabaumes, bemalen. Es wurde fröhlich gesungen und gefeiert. Was für ein schönes Paar, dachte ich und freute mich für die beiden. Aber es versetzte mir gleichzeitig tausend Nadelstiche ins Herz, denn so glücklich war auch ich einst mit Najim gewesen.

Den gesamten Abend über wurden wir festlich bewirtet. Von arabischen Köstlichkeiten in Form kleiner Canapés bis hin zu wohlschmeckenden antialkoholischen Getränken. Es wurde ein unvergesslicher Abend, der mit dem Diner auf der Dachterrasse endete. Tausende Sterne funkelten am samtschwarzen Himmel. Nun gingen die beiden Verliebten reihum, um sich zu vergewissern, dass jeder Gast auch ordentlich beim traditionellen arabischen Essen zugelangt hatte. Aber natürlich hatten wir das. Wer ließ sich denn schon das Tajines, das marokkanische Nationalgericht, entgehen?

Am Folgetag besuchten wir Fès, dessen Altstadt von einer Mauer gesäumt und für geschäftige Souks und seine gediegene Atmosphäre bekannt ist. Wir kauften Souvenirs ein. Es machte Spaß. Aber alles erinnerte mich auch schmerzvoll an Tunesien. Die Gerüche der Gewürze, die Moscheen und die idyllische Medina. Mein Herz war schwer, aber ich versuchte, mir nichts anmerken zu lassen. Meine

Zeit mit Najim war endgültig vorbei. Ich musste akzeptieren lernen, dass meine große Liebe auf dramatische Weise verloren war. Trotz meines Schmerzes freute auch ich mich auf die Trauung am Abend. Ich versuchte, dem Ganzen etwas Positives abzugewinnen. Vielleicht war Youssef wirklich der richtige Partner für Jessica. Vielleicht funktionierte eben gerade ihre Ehe. Ich konnte es mir für sie nur wünschen.

Der Abend kam. Jetzt machten wir uns alle für die Hochzeit fertig. Ich fand mein Outfit bezaubernd, wenn ich mich auch unglaublich einsam und traurig fühlte. Es ging auf zur großen Festhalle in Fès, vor der sich alle versammelten. Wir waren gespannt. Mit einem Mal kamen zwei große Sänften, die Youssefs Freunde jeweils zu viert herantrugen. In der einen saß Jessica, wundervoll traditionell gekleidet, in der anderen Youssef im weißen Leinengewand, ebenfalls traditionell marokkanisch. Sie strahlten um die Wette. Dann wurden sie schwungvoll ins Innere des Saales gebracht, nicht ohne vorher noch jedem zuzuwinken und Handküsse zu verteilen. Am Kopf der Festhalle, die mit Blumen geschmückt war, stand ein mit kaminrotem Samt bespanntes Podest mit zwei wuchtigen gold- und brokatverzierten weißen Stühlen für die Brautleute, sodass sie von allen Gästen gut zu sehen waren.

Ein Fest für die Augen war der bunte, florale Schmuck und die große Hochzeitstorte. Ich schaute mich neugierig um. Vom Saal aus ging es in den wunderschönen Palmengarten, der voller Blütenpracht und festlich dekoriert war. Überall befanden sich Kerzen, die warm und hell leuchteten. Tische und Stühle standen bereit, man konnte je nach Wunsch drinnen oder draußen sitzen.

Der Auftakt des Festes begann. Jessica erschien alle vierzig Minuten immer mit jeweils neuen traditionellen marokkanischen Gewändern. Wie die Hochzeitsgäste jubelten, klatschten und Fotos blitzen ließen. Jedes Gewand, das sie trug, führte ein Stück näher heran an das letzte, das wunderschöne Brautkleid. Sie sah bezaubernd aus. In diesem Kleid setzte sie sich dann auf den Thron neben Youssef. Er begrüßte seine Frau stolz und küsste ihre

Hand. Das Essen begann. Harira, eine marokkanische Suppe, war mein Favorit. Außerdem gab es Couscous, Mechoui, das marokkanische Festtagsgericht und Beghrir (Pfannkuchen) als Nachspeise. Die mehrstöckige Hochzeitstorte wurde ebenfalls verteilt. Ich beglückwünschte das Paar und flüsterte Jessica zu: „Möge das Glück stets mit euch sein. In der Hoffnung, dass du nie Schmerz und Leid in deiner Ehe erfährst." Jessica umarmte mich dankbar. Sie war zuversichtlich. Ihr würde so etwas wie mir nicht passieren! Ich war da nicht so zweifelsfrei. Doch wir feierten den ganzen Abend und bis tief in die Nacht. Am folgenden Morgen, der zugleich unsere Abreise sehen sollte, ging es für mich und die Bekannten Jessicas frühzeitig los. Wir fuhren mit dem Zug von Fès nach Agadir und flogen von dort nach Hause. Jessica und Youssef würden noch Flitterwochen machen.

Die Arbeit rief. Jessica kämpfte sich durch die Bürokratie der Papiere, so wie ich es damals tat. Bald darauf begann ihr neues Leben in Rüsselsheim bei Frankfurt. Youssef nahm eine Arbeitsstelle am Flughafen an und arbeitete nebenberuflich noch bei der Security in einigen Clubs. Er erlernte rasch die deutsche Sprache. Jessica war glücklich. Sie ging mit Youssef in Frankfurt zum Einkaufen, kochte marokkanisch und fand sich gut in das Leben einer Muslima ein. Das Einzige, dem sie sich verweigerte, war das Kopftuch.

Es war eine Zeit, da ich nicht oft bei Jessica sein wollte, denn – so sehr ich mich auch für sie freute – gab es doch meinem Herzen immer wieder einen Stich, dass es mit Najim und mir nicht geklappt hatte. Ich wäre sicherlich keine Muslima geworden, aber das war in meiner Beziehung zu Najim auch nicht ein einziges Mal Thema gewesen. Stand nun meine Freundschaft zu Jessica auf der Kippe? Vielleicht. Sie wusste, wie sehr ich litt, wollte aber auch nicht verstehen, dass ich nun so gar nichts mehr mit der arabischen Mentalität zu tun haben mochte. Und mich nicht mit Youssef anfreunden wollte. Möglicherweise spürte sie, dass ich ihrer Ehe keine echte Chance gab. Die Konsequenz war, dass Jessica und ich unseren Kontakt erst einmal abbrachen.

Ich litt darunter sehr. Aber sie hatte sich für ein muslimisches Leben an der Seite eines Arabers entschieden und besaß genug andere Freunde, die diese Entscheidung mittrugen. Schließlich war ihr Bekanntenkreis multikulturell und alle, wirklich alle mochten Youssef.

Ich unterdessen traf mich wieder vermehrt mit Melissa und reanimierte meinen eigenen Freundeskreis. Wir riefen eine Art Mädelstammtisch ins Leben, den ich donnerstags nie ausfallen ließ. Gemeinsam guckten wir uns eine gemütliche Bar in Frankfurt aus und ließen es uns gutgehen. Natürlich waren Männer ein Thema, ich aber war unfähig, auch nur ansatzweise über eine neue Beziehung nachzudenken. Ich ging lieber einfach mit meinen Freunden aus. Und so verbrachten wir einen Abend nach dem anderen in Discotheken und Clubs. Finanziell erholte ich mich auch wieder. Nur seelisch war ich noch immer eine offene Wunde.

Den Kontakt zu Familie Ouertani stellte ich schweren Herzens ein. Ich schaffte es nicht, konnte und wollte einfach nicht mehr in Tunesien anrufen. Zu allem Unglück hatte sich mein Bruder mittlerweile von Madeline getrennt, was ich sehr bedauerte. Ich werde ihr niemals vergessen, dass sie mich quasi gerettet und mir die Augen geöffnet hat. Sie selbst war auch tieftraurig über das Ende mit Henrik. Aber er war jung und wollte sein Leben genießen. Nicht selten begleitete er unsere Mädchenclique in die Discos. Das Kennenlernen neuer Leute fiel ihm leicht und er flog auch schnell mal eben mit seinem Freund Marcel nach Mallorca. Alles in allem war es eine entspannte Zeit, in der ich mich Stück für Stück von meinem Tiefschlag erholte. Nur musste ich raus aus der alten kleinen Wohnung. So schnell wie möglich. Das musste sein.

Immer noch litt ich unter Verfolgungswahn. Sobald das Telefon klingelte, zuckte ich nach wie vor zusammen. Unter diesem Aspekt hatten Henrik und ich beschlossen, weiterhin zusammenzuleben. Die Mieten waren ungemein teuer in Frankfurt und das konnte uns eine Menge Geld sparen. Es dauerte nicht lange, da zogen wir in die Waldschulstraße. Wir hatten zwei gleichgroße Zimmer mit Küche und Bad. Hervorragend für eine WG. Ich änderte telefonisch alles, was ging und richtete unsere neue Bleibe ein. Zu meinen Eltern stellte ich den Kontakt wieder halbwegs her und Weihnachten fuhren Henrik und ich nach Hause. Ich erzählte natürlich nichts von meinen schrecklichen Erlebnissen. Und das war gut so. Hatten sie nicht immer gesagt, meine Beziehung zu Najim sei zum Scheitern verurteilt? Warum müssen Eltern so oft recht haben?

Meine Tage bestanden gefühlt aus arbeiten, essen und schlafen. Von Jessica war schon eine ganze Weile nichts mehr zu hören gewesen. Umso überraschter war ich, als sie plötzlich wie aus dem Nichts im Reisebüro auftauchte.

„Hallo Jessica, das ist aber eine ...“

Ohne Begrüßung schnitt sie mir das Wort ab. „Ich habe Najim im Bahnhofsviertel gesehen.“ Es haute mich um und ich sackte auf meinen Stuhl.

„Ich war dort mit Youssef in einem marokkanischen Lebensmittelgeschäft einkaufen“, fuhr sie fort. „Er hat uns nicht gesehen.“ Mir fiel die Kinnlade herab. Ich starrte sie entgeistert an. Wie konnte das sein? Ich wollte, konnte es nicht glauben. Niemals! Er war abgeschoben worden. Wie kam er wieder nach Deutschland? Augenblicklich überflutete mich Panik, Angst vor ihm. Warum war er nach Frankfurt gekommen und wieder im Bahnhofsviertel unterwegs? Nur wegen der Drogen? Oder wollte er sich an mir rächen? Vielleicht war er schon völlig unzurechnungsfähig durch seinen Drogenkonsum. Deutschland erschien ihm wohl als das wahre Paradies für seine Zwecke. Noch hatte er mich nicht aufgesucht, aber ganz gewiss beobachtet. Und ich war völlig ahnungslos! Mir wurde heiß und kalt.

„Was machen wir denn jetzt?“, fragte ich Jessica verzweifelt. Sie bat mich, vorsichtig zu sein. Gewiss. Das war ich ganz bestimmt.

Wir checkten noch einmal unsere Telefonnummern gegen, dann verließ sie das Reisebüro. Ich informierte Henrik. Gemeinsam beschlossen wir, besonders achtzugeben. Gott sei Dank hatten wir die neue Wohnung. Und Frankfurt war groß. Aber Najim wusste, wo ich arbeitete. Das konnte mir zum Verhängnis werden. Von diesem Moment fühlte ich mich ständig beobachtet.

Wie konnte ich jetzt noch in Ruhe leben? Najim war gewiss schon in Eschborn gewesen. Ein schrecklicher Gedanke! Plötzlich vermisste ich Jessica sehr. Also nahm ich meinen ganzen Mut zusammen und rief sie an. Diesmal trafen wir uns zum Essen in einem Restaurant.

Sie sah nicht gut aus. Das war mir schon bei ihrem Besuch im Reisebüro aufgefallen. Jetzt saßen wir uns gegenüber. Diese fahrigen Blicke, die Ränder unter den Augen, die Hände, die immer mit irgendetwas beschäftigt zu sein schienen – das kam mir alles sehr bekannt vor. Ich hatte so eine Ahnung.

„Wie läuft es denn in deiner Beziehung?", fragte ich sie ohne Umschweife. Was sie mir dann erzählte, ließ mich innerlich gefrieren. Youssef ging zwar immer noch fleißig arbeiten und sorgte für seine Familie, aber er verlangte von Jessica immer mehr Glaubensbekenntnisse und Zugehörigkeit zu Allah. Längst reichte ihm das fünffache Beten pro Tag, das er mit ihr vollzog, nicht mehr aus. Er verlangte, dass sie bodenlange Kleidung tragen sollte, welche Busen und Beine verhülle.

Gemeinsam waren sie auch wieder zu Besuch in Marokko gewesen. Dort benahm er sich, als ob Jessica sein Eigentum sei. Er zog seinen traditionellen weißen Dschellaba an und ging mit Freunden den ganzen lieben langen Tag in die Moschee oder ins Café. Jessica aber verbot er, das Haus zu verlassen. Kam er wieder heim, zeigte er sich plötzlich sehr eifersüchtig und herrisch ihr gegenüber. Youssefs Eltern konnten nichts ausrichten. Alle redeten Youssef ins Gewissen. Er aber zitierte den Koran und verlangte von Jessica, dass sie sich vollständig in einem Takschita verhülle. Kopftuch? Das war ihm schon lange nicht mehr genug.

In Frankfurt legte sich seine Eifersucht nicht etwa wieder, sondern er quälte Jessica mit immer neuen Vorwürfen. Er erfand Geschichten über angebliche Liebschaften und verschwand tagelang im Keller, um ihre alte Jugendsachen hervorzuholen. Kiste um Kiste durchstöberte er nach Beweisen von einstigen Männerfreundschaften. Er verschanzte sich zu

Hause, ging mit Jessica nicht mehr aus, trank keinen Alkohol mehr und schaute sich im Internet stundenlang Gebetsrituale an. „Allahu Akbar“ – Allah ist der Größte, war sein bevorzugter Satz, den er gerne und immer wieder rezitierte. Alles, wirklich alles fand er in Deutschland mittlerweile „haram“ – nach islamischem Glauben verboten und verwerflich. Er schimpfte auf die Deutschen, ihre Art zu leben und verurteilte Jessica, weil sie eine Vergangenheit besaß und vor ihm schon Beziehungen geführt hatte. Nichts konnte sie ihm mehr recht machen. Sie durfte nur noch vor sich auf den Boden schauen, sonst unterstellte er ihr Männerabsichten. Was für ein Albtraum! Er ließ sie kaum noch aus den Augen. Ihre Freiheiten waren allesamt dahin.

Ich fühlte mich eins mit meiner Freundin, hatte ich doch vieles von dem, was ihr nun widerfuhr, ebenfalls ertragen müssen. Ich litt mit ihr.

„Wie konnte uns nur so etwas passieren?“, schluchzte ich. Wortlos nahmen wir uns in die Arme und weinten.

Aber Jessica war offenbar stärker als ich. Sie kämpfte sich in der Folgezeit ganz allein aus ihrer Beziehung heraus, suchte sich eine neue Wohnung und ließ sich scheiden. Youssef lebte noch mehrere Jahre legal mit deutschem Pass in Frankfurt. Später heiratete er eine Marokkanerin, die seinen Glauben hundertprozentig mittrug. Mit ihr hat er vier Kinder, die bereits in sehr jungen Jahren in die Koranschule gehen.

Youssef lebt heute wieder in Marokko und nur noch zeitweise in Deutschland.

Najim hat mich in der gesamten Zeit nach der Trennung und während er illegal in Frankfurt war nicht ein einziges Mal behelligt. Er wusste wohl nur zu genau, dass ich sofort die Polizei einschalten würde. Über Dritte erfuhr ich, dass man ihn irgendwann erneut festgenommen hat und anhand der Fingerabdrücke nachweisen konnte, dass er sich mit gefälschten Papieren und unter falschen Namen illegal in Deutschland aufhielt. Wie er das angestellt hat, ist mir bis heute ein Rätsel. Er wurde ein zweites Mal nach Tunesien abgeschoben, diesmal wohl für immer!

Als ich 2017 bei Facebook stöberte, stieß ich auf seine Schwester Ranim. Ich nahm all meinen Mut zusammen und schrieb sie an. Sie hatte mittlerweile nach Europa geheiratet, lebte erst in Italien, später dann in Deutschland. Heute hat sie drei Kinder. Sarama ist also glückliche Großmutter von insgesamt zehn Enkeln, denn auch Neyla und Malik haben inzwischen geheiratet und Kinder bekommen. Bessem kränkelt, er ist im Ruhestand und zu Hause.

Najim heiratete nach zwei Jahren in Tunesien eine Einheimische. Mit ihr hat er zwei Mädchen. Aber die Ehe hielt nur kurz. Denn schon bald wurde er wegen Rauschgifthandels erneut verhaftet. Diesmal wurde er zu fünfzehn Jahren Gefängnis verurteilt.